직장인
리더십

브레이크 없는 **성공의 기술** 12단계

A Touch Of Greatness By Frank Tibolt
Copyright ⓒ 2007 by Mushtaq Publishing Co. All rights reserved.
Korean Translation Copyrights ⓒ 2007 by Big Tree Publishing Co.
Korean edition is published by arrangement with
Columbine Communications & Publication
though Imprima Korea Agency.
이 책의 한국어판 저작권은 Imprima Korea Agency를 통해
Columbine Communications & Publication와의 독점 계약으로
도서출판 큰나무에 있습니다.
저작권법에 의해 한국 내에서 보호를 받는 저작물이므로
무단 전재와 무단 복제를 금합니다.

Salaryman Readership

직장인 리더십

브레이크 없는 **성공의 기술 12**단계

프랭크 티볼트 지음 | 나선숙 옮김

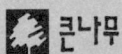

번역자 나선숙

이화여자대학교 사회사업학과와 성균관대학교 번역 대학원을 졸업하고 현재 전문 번역가로 활동 중.
〈남자가 절대 말해주지 않는 것들〉〈헬로우 미세스 루즈벨트〉〈네 안의 에베레스트를 정복하라〉〈사랑을 움직이는 9가지 사소한 습관〉〈똑똑한 여자는 사랑에 절대 실패하지 않는다〉〈네 자신의 편에 서라〉〈백만장자 마인드의 비밀〉〈두려움은 없다〉〈블랙리스트〉〈캘리포니아 걸〉외 다수의 역서가 있다.

직장인 리더십 - 브레이크 없는 성공의 기술 12단계

초판 1쇄 인쇄 2008년 1월 10일
초판 1쇄 발행 2008년 1월 15일

지은이 프랭크 티볼트
옮긴이 나선숙
펴낸이 한익수
펴낸곳 도서출판 큰나무
등록번호 제5-396호
등록일자 1993년 11월 30일
주소 서울시 서대문구 충정로 3가 3-95 2층
대표전화 (02) 365-1845~6
팩스 (02) 365-1847
이메일 btreepub@chol.com
홈페이지 www.bigtreepub.co.kr

ISBN 978-89-7891-239-6 03320

값 12,000원
*잘못 만들어진 책은 교환해 드립니다.

"너의 임무는 더 나은 세상을 만드는 것이니라."
신이 말했다. 그래서 내가 물었다.
"어떻게 말씀입니까?"

"이 세상은 너무 크고 복잡합니다.
전 하잘 것 없고 미약한 존재일 뿐입니다.
제가 뭘 할 수 있겠습니까?"

지혜로운 신이 대답했다.
"더 나은 '너'를 만들면 되느니라."

: 신비

그것은 낡고 지저분했다.
경매인은 그런 고물에 시간 낭비할 필요를 느끼지 못했지만,
그럼에도 미소 지으며 낡은 바이올린을 들어올렸다.

"경매를 시작하겠습니다, 여러분." 그가 소리쳤다.
"누가 먼저 부르시겠습니까?"
"1달러, 1달러요."
"2달러! 네, 2달러 나왔습니다. 그럼 3달러 부르실 분?
3달러(한 번). 3달러 부르실 분(두 번),
더 부르실 분 없습니까?" — 하지만 없었다.

문득 뒤쪽에 서 있던 초로의 남자가
앞으로 나와서 바이올린 활을 집어들었다.
낡은 바이올린의 먼지를 털어 내고

느슨해진 줄을 몇 번 수정한 후에,
연주를 시작했다. 사랑스럽고 달콤한 멜로디를.
천사의 날갯짓 같은 음악을.
음악이 멈추자 경매인은
아주 낮고 조용한 목소리로 속삭였다.
"내가 무엇이관데 이 바이올린을 경매하겠는가?"
그리고 활과 함께 바이올린을 집어들었다.

"천 달러. 네, 좋습니다. 그럼 2천 달러 부르실 분?
2천 달러 나왔습니다! 3천 달러 계십니까?
3천(한 번), 3천(두 번).
더 없습니까? 네, 낙찰되었습니다."
낙찰된 사람은 환호를 질렀고 다른 몇몇 사람은 아쉽게 신음했다.

어떻게 된 일일까.
무엇이 바이올린의 가치를 바꾸었던가. 대답은,
"대가의 손길이 닿았기 때문"이다.

죄악으로 더러워지고 부서져
제대로 음을 내지 못하는 많은 사람들이
생각 없는 사람들에게는 싸구려로 비칠 뿐이다.
낡은 바이올린처럼.
그는 한 번, 두 번 경매가격을 부르다가
낮은 가격으로 낙찰이 된다.
하지만 대가의 손길이 닿으면 달라진다.
어리석은 군중은 결코 이해하지 못한다.
한 영혼이 가진 진정한 가치를,
대가의 손길로 이루어질 수 있는 그 변화를.

: 편집자의 글

　이 책은 개인적인 성공, 경제적인 독립, 돈의 개념을 넘어서서 영혼의 풍요로움으로까지 이끌어 줄 수 있는 매력적인 글을 담고 있다.
　지금껏 이런 책은 없었으며, 앞으로도 나올 성싶지 않다. 이 책의 저자 프랭크 티볼트는 수천 명의 방황하는 영혼들에게 30년 넘게 성공의 공식을 전수해 왔다. 자신의 제자들에게 성공의 비밀을 알려주고, 또 그들의 생각과 아이디어와 체계적인 성공 계획들을 주고받으며 자신의 이론을 보다 알차게 성장시켰다.
　수천 명의 제자들이 이 책의 철학을 활용하여 부를 이룩해 냈으며, 그 중 수십 명은 백만장자의 자리로 올라서기도 했다. 그 30년간의 노력이 이 한 권의 책에 담겨 있다.
　여기에 담긴 비밀들은 시대를 막론하고 누구나 사용할 수 있을 만큼 실용적이다. 부자가 되고자 하는 욕구가 강한 사람, 성공이 가져다주는 정신적인 만족감을 바라는 사람 모두에게 유용하게 쓰일 수 있을 것이다.
　이 책은 성공을 위해 '꼭 해야 할 일'과 '방법'을 가르쳐 주는 지침서다.

이 책에서 당신은 12가지 성공 프로그램을 접하게 될 것이다. 당신의 운명을 바꿔 줄 뿐 아니라 부를 창출해 낼 수 있는 강력한 프로그램들이다. 25,000달러의 교훈, 연봉 백만 달러 받기, 행운을 나의 것으로 만들려면, 위대함의 비밀, 자신감 개발, 세월이 바뀌어도 변함없는 지혜들, 정신적인 성장을 자극하는 금언들이 이 속에 차곡차곡 채워져 있다. 그 중 하나만으로도 당신의 인생에 능히 활력을 불어 넣어, 새로운 희망과 자신감, 새로운 목적과 방향을 터득할 수 있도록 할 것이다.

다만, "당신이 거머쥐는 부가 항상 돈으로 계산될 수 있는 것은 아니다."라는 말을 기억하라.

영원한 우정, 화목한 가족, 파트너와의 상호이해, 마음의 평화를 이루는 내적인 조화, 이 모든 것들 속에 진정한 풍요로움이 숨 쉬고 있다.

이러한 위대함의 철학은 언제나 우리의 주위에 존재하고 있었다, 하지만 준비하는 자만이 부와 즐거움을 함께 누릴 수 있으리라.

위대함의 철학을 행동으로 옮길 때 당신의 인생은 달라질 것이다. 그 인생을 미리 준비하라, 삶의 시련과 스트레스를 물리치고 물질적인 풍요를 당신에게 가져다줄 변화된 인생을 위하여.

이 서문을 먼저 읽으면 더 빠른 결과를 얻게 될 것이다.

: 서문

에머슨
"현자는 많은 것을 아는 것이 아니라 쓸모 있는 것들을 안다."

세계적인 부호이자 박애주의자, 그리고 부호 제조기였던 [나는 43명의 백만장자를 만들어 냈다] 앤디 카네기는 이렇게 말했다. "부자로 성공하기 위해 굳이 많은 것을 알 필요는 없다. 중요한 것 몇 가지를 알기만 하면 된다."
 이 책의 프로그램들은 당신에게 이 몇 가지 유익하고 중요한 정보들을 알려 주는 것을 목표로 삼는다. 아무짝에도 쓸모없는 열댓 가지에 시간과 노력을 분산시키는 것보다 이 몇 가지를 완벽하게 습득하는 편이 더 낫다.
 이 목표를 위해서 나는 여러 번 같은 말을 반복해 놓았다. 그것은 우발적인 것이 아니라 일부러 의도한 것이다. 왜? 반복학습이 가장 훌륭한 선생님이기 때문이다. 위대한 교육자들도 비슷한 내용을 하고 있다. 아무리 가치 있는 책이라도 한 번 읽었을 때는 최고의 모습을 보이지 않는다. 라고.

반복적인 글을 접할 때마다, 당신에게 아주 커다란 목표가 있음을 기억하라. 위대해지려는 목표 말이다. 코끼리 사냥에 나설 때는 작은 공기총을 집어들지 않는 법이다. 최대한 큰 총을 찾아보아야 한다. 당신의 목표인 위대함을 달성하려 할 때도 가장 커다란 총이 필요하다. 그것이 바로 반복, 끈기와 집요함과 의지력이다. 아무리 영리하고 똑똑한 천재라 해도 평범한 반복과 인내와 집요함과 훈련에는 경쟁상대가 되지 못한다.

반복을 소홀히 한다면 당신은 최고의 스승을 무시하고 있는 것이다.

거의 누구나 원하는 것을 가질 수가 있다. 하나의 목표를 세워서 각고의 노력으로 추구하기만 한다면 말이다. 하지만 백 명 중의 단 여섯 명만이 자신이 무엇을 원하는지 알고 있다. 사람들이 실패하는 것은 능력의 부족 때문이 아니라, 정확한 목표와 그것을 추구하고자 하는 의지력이 부족하기 때문이다. 계획을 세우지 않는 것은 무의식적으로 실패를 계획하고 있는 것과 같다.

"성공한 사람들은 나에게 없는 무엇을 갖고 있는 걸까?" 이런 말을 자신에게 속삭일 때마다 100번 중 94번의 대답은 ─ "명확한 목표가 없다" 이다. 벤자민 프랭클린은 자신이 원하는 것을 알고 있었다. 그렇기 때문에 자아 개발 프로그램을 고안해 내기까지 했다. 위대한 성취들을 수두룩하게 이루어 냈으면서도 자신이 이룬 성공보다 그 프로그램에 대한 이야기를 더 많이 강조했다. 그 프로그램이 없었다면 다른 성공 또한 이루지 못했을 것이라고 했다. 그 방법이 무엇이었을까?

프랭클린은 위인들에 대한 책을 닥치는 대로 읽었다. 그 결과 자신이 본받고 싶은 영웅들에게서 13가지의 특징을 발견해 냈고, 그 13가지 특성을 완벽하게 개발한다면 완벽한 인생을 살 수 있을 거라고 생각했다. 그는 10년 동안 그 능력을 키우기 위해서 최대한으로 노력했다. 하지만 비참하게 실패했을 뿐이었다. 한번에 13가지 모두를 마음에 담아 둘 수가 없었다.

그가 10년간의 노력을 포기할 즈음, 우연히도 어느 목사님 한 분이 그에게 위인들의 금언집이라는 책을 쥐어 주었다. 그 책에서 읽은 첫 번째 글이 "위대해지고자 한다면 정신을 집중하라."였다. 프랭클린은 감격적으로 소리쳤다. "바로 이거야. 찾았어. 일주일에 한가지에만 집중하는 거야. 다음 주에는 다른 것, 이런 식으로 13가지를 차례차례 습득하는 거야." 그런 다음에 또 다른 지혜가 눈에 들어왔다. "들으면 잊어버린다, 보면 기억한다, 실행하면 나의 것이 된다." 다시 그는 외쳤다. "유레카, 또 찾았다. 한 가지 습관이 완벽해질 때까지 방법을 연구하고 실천하고 훈련하는 거야."

그는 이 새로운 프로그램을 실천하기 시작했고, 그 방법으로 일주일 만에 지난 10년 동안의 결과보다 더 놀라운 발전을 보게 되었다. 그는 이러한 발전에 힘입어 2년 간 그 프로그램을 계속 실행했다. 2년이 끝날 무렵 그는 힘과 명성과 지도력을 지닌 미국에서 가장 위대한 인물이 되어 있었다.

두 마디의 지혜를 자신의 것으로 만들어 실패에서 성공으로 인생을 완벽하게 바꾸어 버린 그의 경험담이 나에게 영감을 주었다. 괴테와 윌리엄 제임스^{미국의 심리학자, 철학자}의 말 — "위인의 지혜를 무시하는 것은 진정한 교육의 기회를 거부하는 것이다." — 이 옳다는 것도 믿게 되었다. 전에는 현자의 지혜들을 현 세대에 써 먹을 수도 없는 고리타분한 말쯤으로 생각했었지만, 그게 얼마나 잘못된 생각이었던가를 깨달을 수 있었다.

그 금언들은 세월을 거치면서 집약된 지혜였고, 역사적으로 가장 위대한 사상가들이 다듬어 놓은 위대한 생각들이었다. 그것들이 오래 전의 글귀일 수는 있어도, 오늘날의 신문만큼이나 타당하고 우리의 상황에 딱 들어맞는다.

이런 지혜들을 습관으로 바꾸고 나면, 좋은 일들이 저절로 따라온다. 자신에게 유익한 무언가를 갖게 되었을 때, 현명한 사람들은 어떻게 할까? 그 효과가 계속 유지되도록 최선을 다할 것이다. 프랭클린도 미국에서 가장 위대한 사람이 될 때까지 노력을 멈추지 않았다. 그가 그 두 개의 지혜를 읽지 않았더라면 지금쯤 우리는 그의 이름을 알지 못했을 것이다. 반대로 그가 먼저 현자의 지혜를 통하여 해답을 얻고자 했다면, 10년이 아닌 10분 만에 문제를 해결할 수 있었을지도 모른다.

이제 나는 어려운 문제가 닥칠 때마다 제일 먼저 현자들의 지혜를 찾아본다. 여러분에게도 이 방법을 추천해 주고 싶다. 혹시 아는가, 당신도 10년이 걸릴 일을 10분 안에 해결할 수 있을지.

다른 모든 문제를 해결할 때에도 그렇게 하라. 그야말로 모든 문제다 — 돈, 결혼, 직장, 건강, 행복, 성격, 기술, 권태, 목표에 관련된 그 어떤 문제라도. 이럴 때 커다란 소득도 하나 덤으로 챙길 수 있다. 지혜의 글에 흠뻑 빠지게 되면 — 그것들을 내면화하여 무의식 속에 쌓아 두게 되면 — 일반 사람들을 괴롭히는 일상적인 문제 대부분이 저절로 당신을 피해 갈 것이다.

괴테나 프랭클린과 같은 위인들이 현자의 말로 성공을 쟁취할 수 있었다면, 우리에게도 효과가 있을 것이다.

어쩌면 당신에게 꼭 위대해지고 싶은 욕구가 없을지도 모른다. 하지만 세상의 다른 사람들보다 좀 더 갖고 싶고 좀 더 많이 이루고 싶은 마음은 있지 않겠는가? 목표를 세워서 열성적으로 노력하기만 하면 이룰 수가 있다. 다시 말하지만, 사람이 실패하는 건 능력 부족이 아니라, 목표, 끈기, 집요함, 훈련이 부족하기 때문이다. 계획을 세우지 않는 것은 무의식적으로 실패할 계획을 세우는 것과 같다.

당신의 인생은 너무나 짧다. 목표 없이 방황하며 무작정 낭비해 버리기에는 너무나 귀하다. 방향 없는 인생이 살 가치가 있을까? 목표가 없으면 반만 살아 있을 뿐이다. 깨어나라! 살아나라! 확실한 목표를 결정하라!

가치 있는 목표를 세우는 것부터 시작하라. 그럼 새롭게 다시 태어날 수 있다. 승리를 위하여 시간을 사용하라. 그럼 당신은 지도자가 될 것이다.

그대의 소망이 이루어지길 바란다.

당신이 지닌 머리를 사용할 것이며, 금언과 고전에서 빌려 올 수 있는 모든 지혜를 빌려 써라.

: 머리말

이 책의 두께를 얕보지 말라. 당신은 종잇조각을 산 것이 아니다. '위대함'을 위한 양질의 인생을 산 것이다.

어느 탤런트는 단 두 마디의 금언을 읽은 후 갑부가 되었다. 케니 수녀는 한 문장을 읽음으로써 자신의 소명을 찾아냈다. "그대를 화나게 하는 사람은 그대를 정복한 것이다."

나의 제자 한 명도 이 책의 금언을 읽고 — "부자인 체 행동하는 사람은 가난해진다." — 3년 만에 방탕한 소비 행태를 청산하고 파산 상태에서 벗어나 경제적인 독립을 이루었다. 테드 햄스도 이 책의 문장 하나로 — "가난뱅이는 신발이 없다는 이유로 슬퍼한다. 발이 없는 사람을 만나기 전까지." — 자살을 포기했다.

에머슨^{미국의 평론가, 시인, 철학자}도 이렇게 쓴 바 있다. 양질의 셋이 승리한다. 현명한 사람은 많은 것을 아는 게 아니라 쓸모 있는 것들을 안다.

이쯤에서 당신에게 한 가지 질문을 해 보겠다. 당신의 잠재력을 최고로 끌어낼 수 있는 성공의 방법 두 가지를 알게 된다면 — 다른 성공 도우미들을 합친 것보다 더 강력한 방법 — 너무 강력해서 당신의 성공을 거의 보장해 줄 수 있는 방법을 알게 된다면 그것을 습득하기 위해 노력하겠는가? 당신의 대답이 "그렇다"라면, 좋은 소식을 들을 자격이 있다. 그 두 가지 방법을 습득하게 해 주는 책을 찾으면 된다. 그렇다! 약간이 노력이 필요하다는 점은 부인할 수 없다. 하지만 "노력을 요구하지 않는 일은 취할 가치도 없는 것"임을 당신도 잘 알고 있으리라 믿는다.

괴테의 말처럼, 최고가 아닌 것에 낭비해 버리기에는 인간의 정신은 너무나 소중하다.

당신의 바람이 최고의 것 — 위대함이기 때문에 내가 제일 먼저 해야 할 일은 당신에게 탄탄한 기초를 만들어 주는 것이다. 탄탄한 기초가 없이는 머지않아 쓰러지고 말 터이기 때문이다.

탄탄한 기초를 다지려면 다급하게 달리지 말고 차근차근 성장해야 한다. 식물의 성장이든, 근육의 성장이든, 정신의 성장이든, 그 성장은 자연의 법칙에 따르기 마련이다. 사전 준비 없이는 강요할 수 없으며, 오늘 하루의 성장이 다음날의 성장을 예비해 주어야 한다. 우리 힘으로는 자연의 법칙을 깨뜨릴 수 없다. 자연의 법칙을 깨뜨리려 했다가는 우리 자신이 부서지기 십상이다.

탄탄한 기초를 형성하려면 족히 1년 동안 매일 한 시간씩의 노력이 필요하다. 그렇다, 꽤나 빡빡한 스케줄이긴 하다. 나약한 겁쟁이들은 따라오지 못할 것이다. 지성과 혈기가 넘치는 사람, 양질의 인생을 간절하게 바라는 사람들만이 성취할 수 있다.

자연의 변함없는 규칙을 일찌감치 배운다면 수많은 상처와 실망을 줄일 수 있다. 노력 없이 얻어지는 것은 하나도 없다. 고통 없이 얻어지는 영광도 없고, 훈련 없이 얻어지는 기술도 없으며, 노력 없는 보상 또한 없다. 노력 없이 얻을 수 있는 것이 하나 있다면 그것은 나이뿐이다.

하버드 대학의 엘리엇 학장이 제자의 부모에게 말했다. "아드님은 미적분, 역사, 경제학을 좋아하지 않습니다. 시험에 통과할 수 있겠냐고요? 네, 가능합니다. 하지만 중요한 것은 당신이 아드님을 어떻게 키울 것인지 입니다. 버섯은 약간의 영양분만 빨아들여서 빠르게 자랍니다. 반면에 참나무는 양질의 영양분을 찾아 땅 속 깊이 뿌리를 박고 들어가기 때문에 천천히 자랍니다. 아드님이 버섯처럼 약하게 자라길 바라십니까, 참나무처럼 단단하게 자라길 바라십니까?"

하루 1시간은 당신의 일주일에서 겨우 4%를 차지할 뿐이다. 1년은 당신의 인생에서 1.5%에 불과하다. 365일은 — 이 프로그램을 숙달시키는데 필요한 시간 — 당신의 인생에서 1,700분의 1이다. 인생의 1,700분의 1이 제대로 완성된 성격, 탁월한 인생, 위대함을 기르는 데 치르는 값으로 너무 많다고 생각하는가?

우리의 성공을 다른 무엇보다 더 가능하게 해 주는 두 가지 성공 방법이 있다는 것을 처음 알았을 때, 나는 이 깨달음을 다른 사람들과 함께 나누기로 결심했다.

콘웰 박사도 "다른 사람들을 제대로 도와 주고 싶다면, 그들에게 돈을 나눠 주지 말라. 그들 자신이 깨달을 수 있도록 도와주어라."고 현명하게 말한 바 있다.

그렇다면 문제는 당신이 나의 도움을 받아들일 것인가이다. 위대해지기 위해서 자신을 준비할 수 있겠는가? 매일 아침 현명한 글을 반복해서 읽을 수 있겠는가? 당신에게 영감을 부여하는 글, 당신의 용기를 북돋아 주는 글이 있는가? 아직 없다면 그 하나를 찾을 때까지, 내가 제시하는 글로부터 시작할 수 있을 것이다.

매일 아침 그 말을 되풀이하면 크게 말할수록 좋다 인생에 대한 긍정적인 태도를 개발할 수 있다. 재능이나 능력, 혹은 영리함이나 천재성보다 더, 그 태도가 당신을 성공으로 이끌어 줄 수 있다. 그리고 그 태도는 당신의 생각으로 조절할 수 있다.

긍정적인 태도는 행운을 끌어당긴다. 인생을 흥미로운 게임으로, 짜릿한 모험으로 만들어 준다. 여기에 당신에게 유익할 만한 글들을 적어 놓았다. 그 중 하나를 아침마다 큰 소리로 읽어 보라. 당신만의 것을 찾아낼 수 있을 때까지 계속하라.

1. 모든 일은 내가 하기 나름이다.
2. 세상에는 멋진 일들이 가득하다. 그러니 나는 왕처럼 행복해져야 마땅하다.
3. 오늘은 신이 내려 주신 날. 그 안에서 즐거워하고 기뻐하자.
4. 나는 어려움을 환영한다. 나의 환영이 어려움의 크기를 반으로 줄인다.
5. 내가 '할 수 있다'고 말하면, 신이 '하는 방법'을 제시해 준다.
6. 나는 내 일을 사랑한다. 그것이 나에게 가장 풍요로운 축복을 내린다.

7. 신은 나를 창조했다. 하지만 나에게 나의 인생과 행운을 주무를 수 있는 선택권을 부여했다. 그 선택은 내가 해야 할 일이다. 나의 일이다.

: 차례

신비
편집자의 글
서문
머리말
이 책을 읽는 방법

프로그램 1

| 찰스 슈왑의 25,000달러짜리 교훈 • 33

산뜻하게 출발해 보자. 짧은 페이지에 불과하지만 이 자본주의의 거인은 말했다. "평범해 보이는 방법 하나가 그 어떤 강좌나 15명의 회사 중역들보다 나에게 더 큰 도움을 주었다."

프로그램 2

유진 그레이스의 백만 달러짜리 교훈 • 41

평범한 직원이 2년 후에 연봉 백만 달러의 사장으로 올라서게 된 방법이 여기에 설명되어 있다. 다른 사람들을 당신의 방식대로 생각하게 하고, 나아가 당신의 뜻대로 움직이게 하는 기술이기도 하다. 어느 13살짜리 소년은 이 기술을 이용하여 나폴레옹을 패배시킨 장군을 멋지게 물리쳤다.

프로그램 3

나는 행운을 부를 수 있다 • 57

목적이 분명했던 어느 10살짜리 소년이 이 방법을 이용했디. 그리고 자신의 나라에서 가장 높은 위치가 되었다.

프로그램 4

위대함의 뿌리를 찾아서 • 65

학교에서는 태양 아래 있는 거의 모든 주제를 가르치지만, 그 대부분이 나중에 우리가 거의 써 먹지 못하는 것들이다. 우리의 하루하루 삶에 영향을 미치는 생활의 지혜는 운에 맡겨 버린다. 운에 맡겨 버린 일은 우연한 결과를 낳을 뿐이다.

프로그램 5

위대한 성공 테크닉 • 77

헨리 카이저는 이 기술을 이용하여 미국의 가장 위대한 건설업자가 되었다. 이 기술은 기적과 같은 효과를 발휘하기도 했다. 4백 명의 유죄판결을 받은 범죄자들(그들 중 5명이 살인자)이 "참회하는 도둑"이라는 아름다운 교회를 짓기 위해 돈 한 푼 받지 않고 4년간 정성을 기울였다.

프로그램 6

러셀 콘웰의 정신개발 프로그램 • 97

콘웰 박사는 '다이아몬드의 땅'이라는 강의를 진행하면서 실패자를 승리자로 바꾸는 혁신적인 방법을 발견했다. 때로는 이 변화가 거의 즉각적으로 일어나기도 한다.

프로그램 7

두 번째로 위대한 성공 테크닉 • 105

이 부분과 프로그램 5를 함께 익히면 성공으로 가는 고속도로에 올라설 수 있다. 이 두 가지 프로그램이 가장 커다란 성공의 위력을 지니고 있다.

프로그램 8

최고의 순간을 영원히 • 119

긍정적인 사고와 긍정적인 태도의 기본을 가르쳐 준다. 그것이 인생을 흥미로운 게임으로 만들어 준다.

프로그램 9

자신감과 용기를 개발하자 • 141

대화의 기본을 익힘으로써 빠르게 친구를 사귈 수 있다.

프로그램 10

효율적인 사고, 정확한 결단력 • 187

학교에서는 생각해야 할 '것'을 가르쳐 줄 뿐 생각하는 '방법'을 가르쳐 주지는 않는다. 생각하는 '방법'을 운에 맡기고 결과도 운에 맡겨 버린. 그래서 에디슨이 이런 말을 한 것일까? "대부분의 사람들은 생각하는 노동을 피하기 위해서라면 무슨 짓이든 한다."

프로그램 11

아름다운 지혜 • 203

위대한 사상가들이 남긴 가장 위대한 생각들이다. 그리고 더 중요한 것이, 그것을 당신의 것으로 흡수하는 방법이 있다.

프로그램 12
찾아낼 가치가 있는 단 한 가지 • 239

자신에게 숨어 있었던 재능 — 신이 우리 모두에게 하나씩 심어 준 위대함의 씨앗들을 찾아내는 방법이다. 삶의 가장 첫 번째 과제는 자연이 우리에게 예비해 둔 것을 파악하는 일이다.

에필로그

옮긴이의 말

"아무리 가치 있는 책이라도
처음 읽었을 때는
최고의 모습을 보이지 않는 법이다."

: 이 책을 읽는 방법

처음에는 프로그램 1을 읽고 그 다음에는 프로그램 2를, 그렇게 차례차례 프로그램 11까지 읽어 가라. 처음 읽을 때는 애써 연구할 필요 없이 그 방법에 익숙해지도록 그냥 읽기만 하라.

프로그램 11까지 읽는 데 보통 4~5시간 정도 걸릴 것이다. 한 자리에서 끝까지 다 읽을 필요는 없다. 다만 처음에는 프로그램 12를 읽지 말라. 그것이 당신에게 맞지 않을 수도 있고, 설사 맞는다 해도 프로그램 11까지 먼저 공부한 후에 그것을 읽어야 더 많은 것을 얻을 수 있을 것이다.

반복의 힘을 무시하는 것은 최고의 스승을 무시하는 것과 같다.

Salaryman Readership

직장인 리더십

브레이크 없는 **성공의 기술 12** 단계

산뜻하게 출발해 보자.
짧은 페이지에 불과하지만 이 자본주의의 거인은 말했다.
"평범해 보이는 방법 하나가 그 어떤 강좌나 15명의 회사 중역들 보다 나에게 더 큰 도움을 주었다."

program 1

찰스 슈왑의
25,000달러짜리 교훈

　아이비 리는 록펠러, 모건, 카네기, 듀퐁과 같은 거물들을 주요 고객으로 삼고 있는 컨설턴트였다.
　어느 날 베들레헴 철강회사의 찰스 슈왑이 리에게 상담을 청해 왔다. 리는 자신의 서비스 내용을 간략하게 소개하면서 다음과 같은 말로 끝을 맺었다.
　"우리의 서비스를 받으시면 더 나은 경영법을 알게 될 것입니다."
　슈왑이 소리쳤다.
　"이봐요! 나는 이미 알만큼 알고 있소. 내가 아는 것만큼 경영이 잘 안 돼서 문제란 말이오. 나에게 필요한 건 '더 많은 지식'이 아니라 '더 나은 행동 방법'이오. 내가 이미 아는 것들의 반만이라도 실천하게 해 줄 수 있다면…… '행동 방법'을 말해 준다면…… 요금이 얼마가 되던 기꺼이 지불하겠소."

"그럼 지금부터 20분 동안 그 방법을 알려 드리겠습니다."

"좋소. 기차 탈시간까지 딱 20분 여유가 있소. 어떤 방법이오?"

리는 메모지를 꺼내서 슈왑에게 건네며 말했다.

"하루를 끝내기 전에 매일 10분씩 그날 한 일들을 생각해 보십시오. 그리고 자신에게 물어 보십시오. '오늘 내가 잊어버리거나 소홀히 하거나 실수한 일은 무엇일까? 앞으로 그런 잘못을 예방하려면 어떻게 해야 할까? 오늘의 일을 개선하는 방법은 무엇일까?' 그런 다음 5분 더 시간을 내서 이 메모지에 내일 꼭 해야 할 일 6가지를 쓰십시오."

여기까지 얘기하는데 8분이 걸렸다.

"그 다음에는 중요한 순서대로 번호를 매기십시오. 그 종이를 주머니에 넣고, 다음날 아침에 제일 먼저 1번을 읽어 본 다음 행동으로 옮기십시오. 1번 일이 끝날 때까지 시간마다 메모지를 쳐다보십시오. 그 다음에는 2번으로 넘어갑니다. 그 후에는 3번으로. 이렇게 하나하나 번호를 지워 가면서 마지막 번호까지 이동하십시오."

3분이 더 지났다.

"2번이나 3번까지밖에 못 끝내더라도 신경 쓰지 마십시오. 1번을 지키느라 하루가 다 걸리더라도 상관없습니다. 가장 중요한 일을 하고 있는 것이니까요. 다른 일들은 미뤄도 됩니다. 이 방법으로 끝낼 수 없다면, 다른 방법으로도 끝낼 수 없습니다. 이 방법이 아니면 어떤 일이 가장 중요한 지 결정조차 못할 수도 있습니다."

"내일 할 일을 결정할 때 오늘 끝내지 못한 일들을 옮겨 적으세요. 매일 저녁에 15분씩을 할애해서 내일 꼭 '해야 할 일'을 결정하십시오. 이 방법을 시험해 본 후에, 간부급 임원들에게도 권해 보세요. 얼마의 시간이 걸리든지 마음껏 시험해 보십시오. 그 후에 저의 방법이 효과적이었다고 생각하신 만큼의 액수를 수표로 보내 주십시오."

나중에 슈왑은 25,000달러 수표를 리에게 보냈다.

"하찮게 보이는 이 방법이 내 평생 배운 것 중에서 가장 실용적이었습니다. 아홉 달을 미뤘던 전화를 걸게 했고, 그 전화가 2백만 달러 어치의 철재 주문을 받아 냈습니다. 나는 이 방법을 임원들에게도 알려 주었지요. 그것이 임원들과 수십 번 미팅을 한 것보다 더 확실하게 베들레헴 철강회사를 세계 제일의 철강회사로 만들어 주었답니다."

슈왑은 가장 간단한 아이디어가 가장 탁월할 정도로 효과적이라는 점을 배웠다. 너무나 평범해 보여서 많은 사람들이 시도하지 않는 방법이었지만, 그 결과는 믿을 수 없을 정도였다. 다른 어떤 성공의 법칙이나 세미나보다 큰 효과를 발휘했다. 이것은 '평범한' 사람을 '특별한' 기업가로 탈바꿈시켜 주는 최고의 방법이었다.

내가 너무 과장하는 것 같다고 생각한다면, 더 현명한 사람들이 한 말들을 들어 보라.

월터 크라이슬러 Walter Chrysler, 크라이슬러 자동차 회사 창립자

"가장 엄격한 공사 감독은 매일 매일 해야 할 일을 적는 일이었다."

헨리 포드 Henry Ford, 포드 자동차 회사 창립자, 독특한 경영의 합리화와 능률위주로 크게 성공

"스케줄을 메모하지 않는 사장은 그 자리에 앉을 가치가 없다."

헨리 카이저 Henry Kaiser, 카이저 프레이저 자동차 회사 창립자 는 글로써 자신의 할 일을 정리하는 습관이 없는 부하 직원을 고용하지 않았다. 토마스 왓슨 IBM 회장 과 노스클리프 경 영국의 신문 경영자 도 마찬가지였다.

메이요 클리닉 미국의 사립병원 의 찰스 메이요 박사는 다음날 할 일을 적는 것으로 하루 일과를 끝마쳤다. 메트로폴리탄 라이프의 사장 프레드 엑커는 "오늘 할 일"이라는 제목이 있는 메모지를 늘 갖고 다녔다.

사업, 은행, 교육, 영업 등 어느 분야를 막론하고, 각 분야의 거인들이 이 방법을 '성공으로 가는 최고 습관'으로 꼽았다. 어디에서든 이러한 습관을 지닌 큰 인물들을 찾을 수 있을 것이다. 해야 할 일을 끝내는 것이 근거 없는 환상은 물론이고, 어떤 값비싼 시스템보다도 낫다.

의욕이 생겼을 때, 지금 당장 '해야 할 일'의 목록을 만들어라. 5분 정도면 충분하다. 그것이 다른 사람들에게 그러했듯이 당신의 인생에도 전환점을 마련해 줄 것이다. 가장 어려운 부분은 언제나 시작인 것이다. 시작이 반이다. 내일 당신의 손으로 직접 메모지를 구

입하라. 매일 하나씩 그것을 사용하라. 별로 어려운 일이 아니다. 그 습관이 금세 흥미로운 게임으로 변할 것이다. 그리고 당신의 인생에서 가장 유익한 게임이 될 것이다.

당신이 해야 할 일을 끈질기게 일깨워 주고 재촉하고 자극해 주는 직원을 쓰고 싶은가? 인생의 목표를 향하여 밤낮으로 당신을 끌어 주고 밀어 줄 조언자를 구하고 싶은가? 당신에게 인생의 목표가 없다면, 당신은 이미 나보다 뒤쳐져 있다. 하나의 목표를 만들라. 목표가 없으면 계속 살아가기는 할지언정 진짜 인생을 알지 못할 것이다. 당신은 이러한 직원을 메모용지 한 벌 가격으로 고용할 수 있다.

〉〉〉 종이는 결코 잊어버리지 않는다

확실한 화재경보기를 바란다면
종이에 적어라.
당신의 게으름을 쫓아 주는 관리자가 필요하다면
종이에 적어라.
자신의 모습, 그리고 자신의 천직을 찾아내고 싶다면
종이에 적어라.
어려운 문제를 해결하고 싶다면
종이에 적어라.
새로운 아이디어가 필요하다면
종이에 적어라.
힘든 임무를 완수할 때까지 집중해야 한다면

마찬가지다.
나쁜 습관을 버리고 싶다면
그것을 종이에 적어라.
새로운 습관이나 기술을 습득하고 싶다면
그것을 종이에 적어라.
성공한 부자가 되고 싶다면
종이에 적어라.

나의 제자였던 폴 두린스키도 같은 말을 했다. "나의 목표를 종이에 적고 나자 인생 자체가 바뀌었습니다. 목표를 종이에 적기 전까지는 머릿속으로 생각만 했을 뿐이죠. 그런데 종이에 적어 보니까 현실적이고 생생한 것이 되었습니다. 생각만 하면서 지냈던 15년이 낭비였어요. 종이에 적는 일은 땅에 씨앗을 뿌리는 것과 같습니다. 그 씨가 점점 자라나지요. 정말이에요. 목표를 글로 써 놓는 것은 효과가 있습니다. 그게 바로 방법입니다!"

글로 쓰는 것은 무의식에게 그 일을 향해 활동하라고, 부화를 시켜서 창조를 이루라고, 그 일을 구체화하여 소망을 현실로 이루라고 신호를 보내는 것이다.

이렇게 역동적이고 충실한 24시간 도우미를 어째서 고용하지 않는 것인가? 그것은 당신의 기억력을 자극한다, 자신감을 개발한다, 야망과 정열을 유지해 준다, 그 일을 마무리 짓게 해준다, 몇 달 안에 몇 년의 성취를 이루도록 가속도를 붙여 준다. ― 그리고 다른 사람들에게 그러했듯이 당신을 부자로 만들어 줄 것이다.

인생에서 원하는 것이 무엇이든, 그것을 종이에 적어라.

● ● ●

프로그램 2는 프로그램 1의 연속이다. 프로그램 1에서는 내일 할 일의 목록을 작성하는 힘과 가치를 배웠다. 슈왑은 그것을 25,000달러짜리 교훈으로 생각했다. 프로그램 2에서는 유진 그레이스가 백만 달러짜리 방법이라고 부르는 것에 대해서 배워 볼 것이다. 그 방법이 1년 만에 그를 백만 달러짜리 연봉의 사장으로 올려 주었다.

평범한 직원이 2년 후에 연봉 백만 달러의 사장으로 올라서게 된 방법이 여기에 설명되어 있다. 다른 사람들을 당신의 방식대로 생각하게 하고, 나아가 당신의 뜻대로 움직이게 하는 기술이기도 하다. 어느 13살짜리 소년은 이 기술을 이용하여 나폴레옹을 패배시킨 장군을 멋지게 물리쳤다.

program 2

유진 그레이스의 백만 달러짜리 교훈

베들레헴 철강회사의 찰스 슈왑이 15개 부서의 장에게 '다음날 꼭 해야 할 일 6가지'를 적어 보라고 제안했을 때, 유진 그레이스도 그 말을 들은 한 사람이었다.

며칠 동안 이 방법을 시험해 보고 나서 그레이스는 매우 깊은 인상을 받게 되었다. 그래서 자신이 할 일들을 모두 적기 시작했다. 공적인 일과 개인적인 일, 골프, 자선활동, 전화, 쇼핑, 직원들과의 미팅, 심지어 친구들과의 만남과 개인적인 편지에 대해서까지 상세하게 기록했다.

몇 달 후, 슈왑이 새로운 용광로의 위치를 상의하기 위해 부서장들을 소집했다. 그는 자신의 생각을 언급하고 나서 임원들에게도 아이디어를 제시하라고 요구했다. 다른 사람들이 우물쭈물하고 있을 때, 이미 머리에 떠오르는 아이디어를 적어 놓았던 유진 그레이스가 리스트를 들고 자리에서 일어났다. "제가 몇 가지 아이디어를 적어 보았습니다."

그는 자신의 아이디어를 읽어 내려갔다. 그 모습을 눈여겨본 슈왑은 공장 건설과 용광로 설치의 책임자 자리를 그레이스에게 맡겼다. 그 일은 대단히 성공적이었고, 몇 달 후에 그레이스는 남아메리카 지국을 맡게 되었다.

2년 뒤 슈왑이 이사회 회장으로 승진하면서 연봉 백만 달러짜리의 사장으로 그레이스를 지명했다. 그로부터 몇 달 뒤 세계 제1차 대전이 발발했고, 그의 연봉은 무려 160만 달러가 되었다. 그레이스보다 회사 사정을 잘 알고 오랫동안 일해 온 임원들도 있었지만, 슈왑은 그들보다 종이에 기록하는 그 사내를 선택했다.

〉〉〉 리스트를 만들면 사고력이 개발된다

유진 그레이스는 자신이 주임의 위치에서 사장까지 출세가도를 달리게 된 것이 용광로 회의에서 제시한 리스트 때문이라고 생각했다. 리스트 작성이 그의 사고력을 일깨워 주었다. '중요한 일' 리스트를 만들려면 어쩔 수 없이 생각을 해야 했고, 매일매일 기록하다 보니 저절로 사고력이 개발되었다. 리스트 작성은 그에게 생각의 촉진제이자 정신활동의 촉매제이며 자극제였다.

리스트를 만듦으로 인해서 관찰력과 집중력, 판단력, 의지력, 기억력, 독창성, 상상력과 지적인 능력들이 개발되었다. 게다가 야망과 인생의 비전까지 갖게 되었다.

전에는 특별한 목표 없이 그럭저럭 하루를 보내는 데 만족했었지만, 그 리스트를 작성하면서 삶의 활력이 살아나기 시작했다. 그것이 그에게 새로운 희망과 자신감, 새로운 목적과 방향을 제시했고, 그를 최고의 위치로 끌어올렸다.

아이와 어른의 차이는 정처 없이 방황하는가 아니면 목표를 향해 달리는가에 달려 있다. 그는 리스트를 만들면서 어린애적인 사고를 어른의 사고로 전환할 수 있었고, 결과적으로 아이에서 어른으로 성장할 수 있었다.

당신의 경우는 어떨까? 리스트 작성이 당신에게도 정신의 촉매제 또는 자극제가 될 수 있을까? 당신의 인생에 추진력을 실어 줄 수 있을까? 그레이스가 처음 리스트를 만들었을 때는 그것이 최고의 자리로 오르는 첫 단계인지 알지 못했다. 하지만 그 작은 시도가 야망의 불꽃을 일깨우고 인생의 혁신을 가져다주었다. 당신도 한번 시도해 보라. 손해날 것이 없다. 오히려 그레이스처럼 성공할 수 있는 가능성이 열릴 것이다.

〉〉〉 평범한 리스트가 사장과의 불화도 해결한다

린톤 레스토랑의 지배인이었던 폴 힐드는 사장과의 사이가 매우 좋지 않았다. 사장이 그의 행동을 사사건건 비난했기 때문이다. 힐드는 무언인가 대책이 필요하다는 결론에 이르렀고, 지난 1년간 사장이 가장 자주 지적했던 점 세 가지를 리스트로 정리했다. 그리고는 사장실로 찾아갔다.

"사장님, 그 동안 사장님께서 저에 대해서 제일 못마땅해 하셨던 점을 세 가지로 요약해 보았습니다. 저는 사장님의 마음에 드는 직원이 되고자 합니다. 그러니 이 세 가지 점에 대해서 저의 어떤 점이 잘못되었는지 설명해 주십시오."

사장은 움찔하며 그다지 대답하고 싶어하지 않는 표정이었다. 자기 행동의 정당성을 설명하지 못하고 더듬거리는 말투가 이미 패배했음을 시인하는 것이었다. 결국 그는 "기분 상했다면 미안하네. 자네가 그렇게 예민한 줄은 몰랐어."라는 말로 대화를 일단락 지었고, 그 후로 더 이상 지배인에게 함부로 대하지 않았다.

이 외에도 리스트를 사용하여 사람들을 당신의 방식대로 생각하게 하고 당신의 뜻대로 움직이게 하는 방법은 여러 가지가 있다. 다른 사람과의 관계에 문제가 생겼다면, 생각하라. 그리고 리스트를 작성하여 돌파구를 찾아라. 종이 위에 쓰인 글이 순간적으로 사라지는 말보다 훨씬 커다란 영향력을 발휘할 수 있다.

〉〉〉 일석이조의 효과

당신이 가장 자주 하게 되는 일을 열 가지 생각해서 리스트를 작성해 보라. 회사에 대한 것이든 개인적인 일이든 상관없다. 그것이 당신의 정신을 일깨워 주고, 다른 사람에게도 영향을 미칠 것이다.

당신의 정신을 날카롭게 다듬어 주는 것뿐 아니라 일을 끝까지 완수할 수 있는 효율성도 제공할 것이다. 현재의 상황을 개선하려면 그 상황에 대한 목록부터 작성해야 한다.

직업에 관련된 리스트를 만들어 놓으면 당신의 작업이 더 쉬워지고 더 빠른 승진을 도와줄 수 있다. 개인적인 리스트도 당신의 인생을 보다 효과적으로 발전시킬 수 있다. 지금 자신이 추구하고 있는 목표나 관심을 갖고 있는 분야에 따라서 다양한 목록이 만들어질 것이다.

아래에 기본적으로 생각해야 할 목록을 제시해 놓았다. 나의 수많은 제자들이 그 목록을 사용하여 월급 인상, 승진 등의 목표를 이룬 바 있다. 굳이 이 항목 그대로 사용할 필요는 없으며, 개인적인 상황에 맞추어 바꾸는 편이 낫다. 회계사에게 중요한 일이 의사나 기술자에게도 똑같이 중요하지는 않을 테니까 말이다. 당신에게 가장 중요한 핵심을 찾아라.

〉〉〉 가능성을 찾자

매일 아침마다 자신에게 물어 보라.

1. 내가 하는 일의 어떤 부분을 어떻게 개선시킬까?
2. 꼭 지금 하는 방식으로 해야 하는 걸까?
3. 어떻게 해야 생산성을 늘릴 수 있을까?
4. 어떻게 해야 비용을 줄일 수 있을까?

5. 어떻게 해야 이익을 늘릴 수 있을까?
6. 어떻게 하면 시간을 아낄 수 있을까?
7. 사람과의 불화, 지연 사태나 사고를 줄이려면 어떻게 해야 할까?
8. 다른 분야의 아이디어들 중에서 내가 유익하게 사용할 수 있는 것이 무엇일까?
9. 나의 진취적인 능력을 어떻게 표출할 수 있을까?

김벨스 백화점의 영업 부원이었던 에드 피니는 이 아홉 개의 리스트 중에서 하나의 항목만 바꾸어 리스트를 작성했다. 다음에 다시 만났을 때 그는 승진을 한 상태였고, 창의력과 뛰어난 수완을 칭찬하는 사장의 편지까지 지니고 있었다.

〉〉〉 직업적인 발전을 위하여

직장에서 당신이 매일 해야 하는 일 10가지를 생각해 보라. 회계사이든 세일즈맨이든, 다른 어떤 직종에 몸담고 있는 사람이든 이 정도는 쉽게 할 수 있다. 당신이 자주 잊어버리는 일이 있다면, 그 일을 우선 리스트에 적어라.

상사에게 보고하는 일을 자주 잊어버린다면 그 점을 리스트에 적어라. 리스트를 보면서 당신의 기억을 환기시키고, 그로 인해 당신의 일이 더 쉬워질 수 있는 일들을 생각해 보라.

〉〉〉 자신만을 위한 맞춤 리스트를 작성하라

자신에게 가장 유익할 만한 리스트를 만들어야 한다. 그럼 그 리스트를 활용해서 적극적인 행동을 이끌어 낼 수 있다. 대개는 자신의 일에 대한 리스트를 작성하게 될 것이다. 매일 하는 일이나 자신이 관심을 갖고 있는 일에 대하여 생각하기란 그리 어려운 일이 아니다.

〉〉〉 특별한 직업을 위한 특별한 리스트

레스토랑의 지배인이었던 조지 소여는 자신에게 맞는 특별한 리스트를 작성하여 상사에게 신임을 얻었다.

1. **직원들** 재빠르게 움직이는가, 차림새는 단정한가?
2. **준비** 개점 시간까지 모든 것이 준비되었는가? 음식, 그릇, 기타 재료가 제대로 갖춰진 상태인가?
3. **음식** 깔끔해 보이는가, 먹음직스러운 모양인가, 정확한 양을 담았는가?
4. **청결** 바닥, 선반, 창문, 접시, 컵, 쟁반 모두 깨끗한가?
5. **서비스** 신속한가? 어느 손님에게나 친절한가? 손님들의 욕구에 신경 쓰고 있는가?
6. **창고** 내일 사용할 양이 비축되어 있는가? 주문해야 할 물품을 모두 주문했는가?

7. 스케줄 직원들이 내일의 개장 시간, 점심시간, 휴식시간을 다 알고 있는가?

항상 규칙적으로 해야 할 행동들을 리스트로 만들어 두어라. 그와 함께 효율성도 껑충 뛰어오를 것이다. 사업 운영, 직원 고용, 직업 선택, 새로운 사람과의 만남, 여행 등의 어떤 계획을 세울 때라도 중요한 것이 무엇인지 알 수 있다.

〉〉〉 특정한 리스트

전화를 걸기 전에, 잊어버리지 말아야 할 내용들을 적어 보라. 또 사장이나 고객에게 전화를 걸기 전에, 의논해야 할 내용의 요점을 리스트로 만들어 보라. 편지를 쓰기 전에도 마찬가지다. 요점을 적어라. 쇼핑을 나서기 전에도. 여행을 떠나기 전에도 목표를 결정하라.

회의에 참석하기 전에 토론할 내용들을 기록해 보라. 그 리스트가 당신의 시간을 절약해 주는 것은 물론이고 기억력 증진, 효율성 증가의 효과를 가져다준다. 일을 더 쉽게 만들고 끝까지 완수할 수 있게 하며, 당신의 인생을 더 매끄럽게 전진시켜 준다.

어째서 이토록 효과적인 리스트를 활용하지 않는가? 하나의 목적을 위해 만들어진 리스트는 그 목표를 달성하는 데 효과를 발휘한다. 시간이 낭비되는 것을 막아 주고, 실수를 줄여 준다. 당신에게 돈을 벌어다 줄 수 있는 중요한 일들을 잊지 않게 해준다.

게다가 리스트를 작성하면 자연스럽게 생각하는 훈련을 하게 된다. 판단력, 관찰력, 기억력, 예지력, 계획성, 지적인 능력까지 개발시킨다. 생각할 때마다 새로운 뇌세포들이 깨어난다. 뇌세포가 지칠까 봐 걱정할 필요는 없다. 당신은 70년 동안 매일 150개의 새로운 아이디어를 생각할 만큼의 충분한 뇌세포를 소유하고 있다.

유진 그레이스는 리스트 작성으로 자신의 관찰력이 좋아졌다는 사실을 알아냈다. 평소에 자신의 관찰력의 부족을 절감하고 있었으므로, 이번에는 다른 목록을 작성해서 관찰력 훈련을 하기로 했다. 그 중 하나가 처음 만나는 사람을 파악하는 훈련이었다. 그는 곰곰이 생각한 끝에 그 사람의 특징을 쉽게 알아낼 수 있는 10가지 항목을 결정하고, 기억하기 쉽게끔 그 항목을 알파벳 A부터 J까지 앞 글자를 연결시켰다.

A	Age	나이는 몇 살쯤인가?
B	Build	체격은 어떤가? 뚱뚱하다, 말랐다, 키가 크다, 작다.
C	Complexion	용모는? 하얀 얼굴, 거무스름한 얼굴, 깨끗한 피부, 콧수염, 턱수염 등등
D	Dress	옷차림은? 깔끔하다, 잘 어울린다, 단정하다, 초라하다, 세련되다 등등
E	Eyes	눈은? 갈색 눈, 파란 눈, 커다란 눈, 가느나란 눈 등등
F	Features	이목구비는? 눈, 코, 입, 귀, 턱, 목, 이마. 계란형 얼굴, 네모난 얼굴, 동그란 얼굴 등등

G Glasses   안경을 썼나? 안경의 종류, 테 등등
H Hair   머리는? 검은머리, 금발 머리, 숱이 많다, 숱이 적다, 단정하다, 최신 스타일이다.
I Identification 특징은? 특이한 점. 상처, 보조개 등 기억할 만한 부분
J Job   직업은? 손, 말씨, 체격 등으로 판단

몇 주일 동안 시험해 본 후에 유진 그레이스는 낯선 사람에 대한 판단력이 놀랍도록 향상된 것을 느끼게 되었다. 비단 사람에 대한 판단력뿐만이 아니라 건물이나 주위 환경에 대한 관찰력도 똑같은 효과를 얻을 수 있다. 당신도 한번 시도해 보라. 당신의 관찰력과 사고력이 무럭무럭 자라날 것이다.

자신만의 특별한 리스트를 만들어 보는 것이 가장 좋겠지만, 그레이스의 리스트를 사용해도 상관은 없다. 자신의 리스트를 만들려다가 포기하는 것보다 지금 바로 시작하는 것이 더 중요하기 때문이다.

당신의 관찰력을 향상시키기 위해 기본적인 질문부터 해보자. 잘 아는 것이 아니라 얼굴만 본 적이 있는 사람을 떠올려 보라.

나이는 몇 살쯤인가? _____
키는 어느 정도인가? _____
체격은 어떤한가, 말랐나, 뚱뚱한가, 보통인가? _____
말투나 생김새, 또는 외모로 판단할 때 고향은 어디일까, 집안은

어떨까? _____
몸무게는 어느 정도일까? _____
어떤 옷을 입었는가, 색깔, 디자인, 옷 상태는? _____
코는 어떤 모양이었나? 콧수염은? 안경은? 특이한 자국이 있었는가? 손에 들고 있었던 물건은? _____

다음에 만날 때 이 특성들을 관찰해 보라. 그러한 노력이 당신의 판단력과 관찰력, 기억력과 표현력을 향상시켜 줄 것이다. 그 외에 당신의 생각에 따라서 항목을 바꿔도 좋다. 대부분의 사람들이 상대방의 손과 말씨와 생김새와 옷차림, 행동 등을 관찰하여 그 사람의 지성과 교육정도 또는 직업 등을 짐작하곤 한다.

다음에는 외부적인 상황을 시험해 보자. 우선 지금의 온도가 몇 도일지 짐작해 보라. 그 다음에 얼마나 비슷하게 맞췄는지 확인하라. 몇 번만 연습하면 3도의 오차 범위 내에서 온도를 알아맞힐 수 있을 것이다. 다음에는 기억력을 시험하는 질문들로 자신의 관찰력을 훈련시켜라. 예를 들자면 이런 식이다.

집에서 회사에 도착할 때까지 주유소가 몇 개나 있을까?
약국은 몇 개일까? 고층 빌딩은 몇 개일까?
내가 사는 구에 백화점이 몇 개나 있나?
대형 할인 매장은 몇 군데인가?
내가 매일 지나치는 교차로 네 귀퉁이에 어떤 건물들이 있는가?
그 부근에 학교나 교회가 있었는가?

내가 걸어 다니는 거리의 상태는 어떤한가? 깨끗한가, 아스팔트를 새로 깔았는가, 지저분한가, 고급스러운가?

이렇듯, 당신에게 유익할 만한 항목을 리스트로 작성해 보라.

〉〉〉 아이디어의 힘

까다로운 고객을 설득해야 할 때도, 이 리스트 방법을 활용할 수가 있다. 그 사람에게 맞는 내용을 다양하게 첨가시켜서 리스트를 작성해 놓으면 그의 관심을 당신에게 끌어당기는 데 도움이 될 것이다.

리스트를 작성하면 아이디어가 떠오른다. 아이디어는 강력한 힘이다. 막강한 위력을 지니고 있다. 어느 13살짜리 아이가 하나의 아이디어로 나폴레옹을 패배시킨 장군을 물리친 일이 있었다.

한 아이의 아버지가 자신의 오두막을 사냥꾼들이 함부로 사용하는 것을 방지하기 위해서 아들을 오두막 앞에 세워 놓았다. 여덟 명의 총을 든 사내들이 말을 몰고 달려와 문을 열라고 명령했다. 소년은 아버지가 열지 말라고 했다는 대답으로 그 명령을 거부했다. 그러자 그 중의 대장이 물었다.

"꼬마야, 내가 누군지 아느냐?"
"아뇨, 모릅니다."
"난 웰링톤 공작이다."
소년은 천천히 대꾸했다.

"전 믿을 수 없습니다. 영국에서 가장 훌륭하다는 웰링톤 공작님이 일개 소년에게 아버지의 명을 어기라고 명령하진 않을 테니까요."

공작은 고개를 숙인 채 부하들과 함께 물러날 수밖에 없었다. 예전에 나폴레옹이 했던 말처럼, "보이지 않는 힘의 위력이 열이라면 군대나 전함의 위력은 하나에 지나지 않는다." 여덟 명의 무장한 군사들이 기발한 아이디어를 지닌 13살짜리 소년 하나를 이겨내지 못했다.

타인의 생각을 자신의 뜻대로 따라오게 만드는 아이디어를 생각해 보라. 그 아이디어가 수백만 달러를 벌어들일 수 있다.

〉〉〉 또 다른 아이디어의 힘

철도 회사 사장인 사무엘 바클라인은 세금이 낮은 지방으로 공장을 옮기고 싶어 했다. 조사를 해 본 결과, 때마침 에디스톤이라는 작은 마을에 적당한 부지가 있다는 말을 듣게 되었고 그는 그 마을에 직원을 보내서 부지 가격을 알아보도록 했다. 대기업이라는 것을 알면 가격을 올리려 할 테니 그 사실을 밝히지 말라는 명령도 함께 내렸다.

그 직원은 땅 주인이 팔 생각을 하지 않는다고 보고했다. 사무엘은 다른 직원을 보내서 에디스톤의 유지들을 알아보게 했고, 가장 명망 있는 유지가 인정 많은 여성이라는 점을 알아냈다. 그는 그녀의 활동이나 여행, 회의 일정들을 알아낸 다음 우연인 것처럼 만남의 자리를 만들었다. 그리고는 자신을 소개하며 말했다.

"에디스톤 주민들이 당신을 매우 신뢰하고 있더군요. 저에게 이 마을의 경제를 살릴 수 있는 계획이 있습니다. 그 일로 당신의 도움을 받고 싶습니다. 이곳에 기업이 들어오는 걸 어떻게 생각하십니까? 여기에 공장 하나를 짓고 싶어서 알아봤더니 딱 적당한 부지가 있는데 그곳 주인을 설득하는 일이 쉽지 않습니다. 외부 사람을 경계하는 사람이더군요. 당신 같으신 분이 우리 계획을 설명해 주시면 좋은 결과가 있을 것 같습니다. 마을 주민들도 당신에게 고마워할 것입니다."

그녀는 기뻐하며 기꺼이 도와주었다. 그렇게 바클라인은 세금을 줄일 수 있었고, 에디스톤은 새로운 일자리를 창출할 수 있었다. 물론 그 여성의 명망도 더불어 올라갔다.

〉〉〉 나폴레옹의 아이디어

나폴레옹은 이태리로 진군할 신병을 확보하는 일에 커다란 어려움을 겪고 있었다. 그래서 곰곰이 생각한 후에, 젊은이들이 많이 모이는 곳을 찾아가기로 결정했다. 젊은이들이 모여 있는 곳에서 그는 확신에 찬 태도로 연설을 했다.

"그대들의 힘으로 이태리를 우리 제국에 포함시킨다면 거리의 사람들이 그대들을 보고 말할 것이다. '이태리를 우리에게 가져다준 용감한 군사들이 저기 있다.'고."

한 달 만에 그는 필요했던 숫자보다 더 많은 병사들을 확보할 수 있었다.

힘겨운 상대를 설득할 때, 까다로운 문제를 해결해야 할 때, 당신의 아이디어들을 목록으로 적어 보라. 하버드대 코넌트 총장이 했던 말을 명심하라.

"일반 대중보다 더 많이 생각하지 않으면, 일반 대중보다 더 많은 것을 이룰 수도 없다."

● ● ●

아브라함 링컨이 우리에게 귀중한 교훈을 남겨 주었다.

"나는 주로 사례를 들어서 설명한다. 장황한 설명보다 한 편의 사례가 더 유쾌하고 빠르게 메시지를 전달할 수 있기 때문이다."

그래서 나는 사례의 형태로 다음 프로그램을 진행할 생각이다. 이제부터는 성공하는 사람에게 행운이 차지하는 비중을 알아보고, 또한 행운이 따르는 세 가지 특징을 바탕으로 행운을 끌어들이는 방법도 배워 볼 것이다.

목적이 분명했던 어느 10살짜리 소년이 이 방법을 이용했다. 그리고 자신의 나라에서 가장 높은 위치가 되었다.

program 3

나는 행운을 부를 수 있다

"엄마, 저 근사한 마차에 타신 분이 누구예요? 아주 돈도 많고 중요한 사람 같아 보여요."

아버지가 없는 10살짜리 소년이 엄마에게 물었다.

"저 분은 국회의원이야."

"그럼, 나도 커서 국회의원이 되고 싶어요."

소년이 말했다.

다음날 어머니는 소년의 방에 종이 한 장이 붙여진 것을 발견했다. 거기에는 이런 문장이 쓰여 있었다.

'국회의원이 되자.'

다음 주에 소년은 나무 자르는 일로 용돈을 벌어서 국회의원에 관련된 책을 샀다. 16세에는, 노새를 몰면서 국회의원이 되는 공부를 계속했다.

18세에 그는 학비 대신 학교 청소를 맡아 하기로 하고 히람 대학에 입학했다. 그로부터 3년간 목수 일로 용돈을 벌어 쓰면서 공부를 계속했다. 다음 해에는 일주일에 12달러를 받으며 학생들을 가르쳤고, 2년 후에는 윌리엄 대학의 법학과를 우등생으로 졸업했다. 26세에 그는 주의 상원의원이 되었고, 33세에 하원의원이 되었다.

그가 하원의원으로 당선될 때까지 그의 방에는 어린 시절의 그 종이가 계속 붙어 있었다고 한다. 몇 년 후에 그는 미합중국의 대통령이 되었다. 그의 이름은 제임스 가필드였다.

10살짜리 소년의 목표가 결국 이루어질 수 있었던 것은 단지 목표를 세웠기 때문이 아니었다. 그 나이 또래의 아이들은 숭배하는 대상이 있기 마련이다. 정치인, 소방관, 연예인 등등 다양한 영웅들을 숭배한다. 하지만 그는 자신의 목표를 꾸준히 기억할 수 있게끔 그 목표를 종이에 적었다. 종이에 써서 매일 쳐다볼 정도로 진지한 자세를 지니고 있었다. 매일 들여다보았던 그 목표가 꿈으로 자라나고 불타는 열망으로 변하여 참을 수 없는 정열로 바뀌었다. 그것이 계획과 실천으로 이어졌다.

인간의 야망과 끈기를 측정하는 '욕망의 자'를 개발할 수 있다면, 어떤 IQ 테스트보다 더 성공과 실패를 잘 예측할 수 있을 것이다. 대부분의 사람이 실패하는 원인은 목적의식, 열망, 끈기가 부족하기 때문이다.

모든 성공은 하나의 생각으로 출발한다. 그것이 우연히 스치는 생각이나 공상일 수도 있다. 하지만 그것을 종이에 적어 놓는다면, 그 생각이 소망이 되고 꿈이 되고 불타는 정열이 되고 그 후에는 끈질긴 계획과 실천으로 이어진다.

무엇보다 중요한 것은, 목표가 정확해야 하고 종이에 적어야만 한다. 그렇지 않으면 그저 단순한 생각으로 끝나 바람결에 날아가 버릴 것이다. 그것을 종이에 적을 정도로 진지하지 않는 한, 당신은 장난을 치고 있을 뿐이다. 진지한 상태라고 말할 수 없다. 생각을 적어 놓는 행동은 그 생각을 목표로 바꾸는 신비한 효과를 발휘한다. 종이에 쓰인 목표가 그것을 현실로 이루는 다이너마이트 역할을 한다. 목표를 종이에 적는 것만으로도 당신의 무의식은 그 목표를 현실로 이루기 위해 활동을 시작한다.

생각을 종이에 적는 것은 씨앗을 뿌리는 것과 같다. 사과 씨가 땅에 뿌려져서 자라고 커다란 나무가 되어 무성한 열매를 맺는 자연의 신비를 누가 알겠는가. 문득 조이스 킬머의 시 한 구절이 생각난다. "시는 나 같은 바보들이 쓰는 것, 하지만 한 그루의 나무는 신만이 만들 수 있음이로다." 우리는 전기가 어떻게 빛과 동력을 발생시키는지 알지 못한다. 수많은 자연의 비밀 속에 숨겨져 있다는 것만을 알 뿐이다.

누구에게나 나무를 심는 믿음과 인내, 발전소를 세우는 믿음과 인내가 있다. 하지만 단 몇 명만이 — 진지하게 성공을 추구하는 사람들만이 — 그것을 현실화하기 위한 과정으로 목표를 종이에 쓸 만한 믿음과 인내를 지니고 있다.

　가필드는 두 가지 면에서 행운아였다. 그 멋진 마차에 타고 있었던 남자가 야구 선수나 음악가였다면, 야구선수나 음악가로서의 재능을 가지고 있지 못했을 경우에 결국 실패하고 말았을 것이다. 반면에 가필드가 음악이나 기술 분야에 재능을 갖고 있었다면, 아무리 열심히 노력하더라도 국회의원이 되지는 못했을 것이다. 그렇다, 그는 행운아다. 자신에게 가장 잘 어울리는 것이 무엇인지를 찾아내서 미래를 계획한 것이 아니라, 어린 시절의 경험 하나로 행운을 불러들일 수 있었다.

　그 정도로 운이 좋은 사람은 흔치 않다. 우리는 10살의 나이에 정확하게 자신의 목표를 결정하지 못했다. 하지만 스스로 행운을 만들어 나갈 수는 있다. 정말 그러한 일들이 일어난다. 그렇다면 행운이란 과연 어떤 것일까?

1. 준비된 자에게 기회가 찾아올 때, 그것은 행운이다.
2. 행운은 올바른 판단력을 따라 들어온다. 실천이 이어진다면.
3. 더 열심히 더 영리하게 노력할수록 큰 행운이 찾아온다.
4. 행운은 담대함을 좋아한다. 자신이 하고 있는 게임을 알고 있다면 말이다.
5. 행운을 바란다면, 행운이 좋아하는 습관을 익혀라. 행운은 독창성과 끈기와 성실성과 날카로운 관찰력과 건강과 제대로 된 교육과 옳은 계획과 올바른 인간관계, 가치 있는 목표와 같은 것들을 좋아한다.

미국 경영자협회에서 설문조사를 한 적이 있었다. 그것은 성공에 있어서 행운이 얼마나 중요하다고 생각하는지에 대한 설문이었다. 1부터 10까지의 단계에서 행운은 7번을 차지했다. 그러니, 성공할 가능성을 높이고 싶다면 7번보다 더 위에 있는 습관들을 익히는 것이 현명한 행동일 것이다. 성공에는 목표설정, 의지력, 독창성, 올바른 판단력, 끈기가 행운보다 더 중요한 위치를 점하고 있다.

가필드와 다음에 열거한 '평범한' 사람들은 똑같은 도구를 사용하여 자신의 이름을 역사에 남겼으며 특별해졌다. 그들은 목표를 결정해서 종이에 적었고, 매일매일 그 목표에 다다르기 위해서 행동을 취했다.

진지하게 추구하는 목표가 있을 때, 그 목표가 사람을 변화시킨다. 목표를 달성할 때까지 쉬지 않게 한다. 보다 열성으로 하루를 움직이게 하고, 장애물이 생겼을 때 뛰어넘을 수 있게 한다. 자본이 필요할 때는 끌어 모으고, 하나의 계획이 실패하면 다른 계획을 시도해 본다. 어떻게 해서든 그 목표를 향해 노력해 간다.

로마의 속담에 이런 말이 있다. "사람도 세상도 때로는 무덤까지도 자신이 가는 곳을 아는 사람에게는 길을 비켜 준다. 하지만 정처 없는 방랑자는 옆으로 밀쳐 낼 뿐이다."

강렬하게 원하는 목표에 사로잡히게 되면, 그 무엇도 그를 막을 수 없다. 불구자로 만들면 슈타인메츠(독일 태생의 전기공학자)가 될 것이고, 가난하게 만들면 링컨이 될 것이고, 소아마비로 재앙을 내리면 프랭클린 루즈벨트가 될 것이고, 정비소 견습공으로 보내면 월터 크라이슬러가 될 것이고, 열두 번 해고를 당하면 헨리 포드가 될 것이고,

술고래로 39년을 허송세월 하게 하면 제너럴 그랜트[남북 전쟁에서 활약한 장군, 미국의 18대 대통령]가 될 것이고, 귀머거리 장님 벙어리로 만들면 헬렌 켈러가 될 것이다.

〉〉〉 에디슨은 너무 멍청해서 가르칠 수 없다?

6살짜리 아이가 너무 아둔해서 학습시킬 수 없다는 통지를 들고 집으로 쫓겨 왔다. 하나의 목표가 그의 아둔함을 뛰어넘었다. 그의 이름은 토마스 에디슨이었다. 어느 영국 소년은 라틴어 수업을 따라가지 못해서 쫓겨났다. 그는 라틴어를 못하는 대신 모국어에 능통해지기로 결심했다. 그의 이름은 윈스턴 처칠이었다. 월터 스코트의 선생님은 스코트[영국의 소설가, 시인, 역사가]를 형편없는 열등생이라고 불렀다. 루이 파스퇴르는 화학 수업시간에 지진아로 손꼽혔다.

다음 프로그램 4에서는, 역사상의 위인들이 집약해 놓은 지혜들을 알아볼 것이다. 그 지혜를 당신의 것으로 만들어 보라.

학교에서는 태양 아래 있는 거의 모든 주제를 가르치지만, 그 대부분이 나중에 우리가 거의 써 먹지 못하는 것들이다. 우리의 하루하루 삶에 영향을 미치는 생활의 지혜는 운에 맡겨 버린다. 운에 맡겨 버린 일은 우연한 결과를 낳을 뿐이다.

program 4

위대함의 뿌리를 찾아서

1923년 미국에서 가장 부유한 경제계 거물들이 시카고의 비치 호텔에서 모임을 가졌다. 세계 제일의 철강회사 사장 찰스 슈왑, 세계 최대 전기회사 사장 사무엘 인슐, 세계 최대의 가스회사 사장 하워드 홉슨, 세계 최대 전매회사 사장 아이바 크루거, 국제 복지은행장 레온 프레이저, 뉴욕 증권거래소 사장 리처드 휘트니, 뉴욕 주식시장의 양대 큰손 아더 코튼과 제스 리버모어, 하딩 내각의 내무장관 앨버트 폴 등이 그들이었다.

25년 후, 위에 언급한 9명의 인생은 다음과 같이 끝이 났다. 슈왑은 5년간 빚으로 생활하다가 무일푼으로 죽었다. 인슐은 법망을 피해 도망 다니다가 외국 타지에서 파산한 채 죽었다. 크루거와 코튼도 파산한 상태로 죽었다. 홉슨은 정신병자가 되었다. 휘트니와 앨버트 폴은 감옥에서 간신히 풀려났고, 프레이저와 리버모어는 자살했다.

이 9명의 뛰어난 자본가들은 성공적으로 막대한 돈을 벌었다. 하지만 인생을 살아가는 데 있어서는 형편없이 실패하고 말았다. 돈을 버는 것과 인생을 살아가는 것의 차이점은 과연 무엇인가?

나는 그 이야기를 듣고서 커다란 충격을 받았다. 여러 성공 세미나를 진행하면서 나 또한 출세와 돈을 강조했으며 제자들의 눈부신 성공도 자랑스러워했다. 직업적인 성공, 경제적인 성공에 대한 화려한 보고를 들으며 즐거워했을 뿐, 정작 돈보다 더 중요한 것 — 성실, 마음의 평화, 타인에 대한 존중, 자신에 대한 존중 등 인생의 소중한 가치 — 들에 대해서는 소홀했던 것이다.

나의 기존의 방식과는 다른 새로운 강의를 준비하기로 결심했다. 예전에 읽었던 존스 홉킨스Johns Hopkins, 은행가의 글이 떠올랐다. "최상의 균형 잡힌 교육은 좋은 책들을 모으는 것이다."

에디슨의 의견도 비슷했다. "그저 좋은 책들은 읽지 않아도 된다. 최고의 책들만 읽어라. 좋은 책들을 다 읽으려면 평생이 걸려도 모자랄 것이다." 하지만 최고의 책, 유익한 책, 위대한 책들도 매우 많기 때문에, 나는 최고의 책들 중에서 최고의 부분들을 선택해 보기로 했다.

〉〉〉 위대한 사상가들의 도움

나는 위인들이 쓴 글에서 그것을 발견했다. 비록 똑같은 표현을 한 것은 아니지만, 위인들이 말하는 내용은 본질적으로 똑같았다. "모든 세대와 나라의 지혜는 그들의 금언집에서 찾을 수 있다."

금언에는 지식이 압축되어 있다. 불순물을 제거한 지혜들이 있다. 다른 어떤 배움보다 더 현명한 가르침, 영원한 생활의 지혜가 있다.

그래서 나는 이 지혜들을 모아 보았다. 전에는 이런 구시대적인 말들이 현대에 무슨 의미가 있을까 의심했었지만, 나의 생각은 전적으로 잘못이었다. 그 글 속에는 세상의 이치가 담겨 있었다. 진정으로 세대를 초월한 지혜들이 숨 쉬고 있었다.

그렇다면 과연 위대한 사상가들은 지혜의 금언을 어떻게 생각했을까?

괴테 Goethe

"시간은 위대한 책에서 잡초를 제거한다. 불필요한 것들을 없애 우리에게 꼭 필요한 정수만을 남겨 놓는다. 가장 짧은 말 속에 담긴 세월의 지혜를."

글래드스톤 Gladstone, 영국의 정치가, 4회 수상 역임

"현명한 자는 누구인가? 모든 사람에게 배우는 자이다."

마가렛 미드 Margaret Mead, 미국의 문화인류학자

"성경과 금언들은 이 치열한 경쟁에서 나에게 위안과 은신처를 제공해 준다."

버틀러N. M. Butler, 콜롬비아 대학 총장

"금언을 읽는 것은 '생활의 지혜' 분야의 최고급 전문가들과 상담하는 것과 같다."

베넷 커프 Bennett Cerf, 작가이자 유명한 Random House 설립자

"금언으로 찍힌 잉크 한 방울이 수천 마디를 토해 낸다."

벨Prof. Bell, 전화 발명가

"현명한 금언에 녹아 있는 충고를 받아들여 야망과 용기를 북돋아라. 그것이 지혜로 가는 최단 지름길이다."

비처Beecher, 《엉클 톰스 캐빈》의 작가

"지혜의 금언들은 우리 길을 밝혀 주는 등불이다."

스티븐슨Stevenson 《보물섬》《지킬박사와 하이드》의 작가

"우리는 하나의 목적으로 금언을 읽는다. ― 이 험난한 세상을 헤쳐 나갈 수 있는 보물, 영감과 마음의 평화를 얻기 위해서."

시드니 스미스 Sidney Smith, 영국의 성직자, 저술가

"책과 학교는 우리에게 지식을 주지만, 현명한 금언은 우리에게 지혜를 준다. 지혜는 사용하는 방법, 살아가는 방법을 말해 준다."

앨버트 허버드 Elbert Hubbard, 미국의 문필가, 편집자

"위인들의 지혜를 통해서 배우는 것은 성공을 향하여 거인의 어깨를 타고 달리는 것과 같다."

에머슨Emerson, 미국의 철학자, 시인

"지혜로운 금언들은 우리를 우리 자신에게 소개해 준다. 우리가 언제나 알아 왔던 왜소한 자아를 무찌르고, 우리가 미처 알지 못했던 더 커다란 자아에게로 인도해 준다."

엘리노어 루즈벨트 Eleanor Roosevelt, 미국의 여성 사회운동가

정치 집회장을 떠나며, "이제 나의 진짜 시민에게 돌아가리라 — 현명한 금언들이 실린 두꺼운 책으로."

윈스턴 처칠 Winston Churchill

"나처럼 대학 문턱에도 가 본 적이 없는 사람들은 위인들의 금언을 읽음으로써 그 부족한 부분을 채울 수 있다. 과거의 위인들은 뒤에 올 우리를 위해 그들의 경험과 지혜를 기꺼이 남겨 주었다."

윌리엄 제임스 Wm James, 미국의 심리학자, 철학자, 프래그머티즘의 창시자

"위대한 사상가들의 지혜를 무시하는 것은 진정한 교육의 기회를 자신에게 거부하는 짓이다."

윌슨 Wilson, 미국 28대 대통령

"나는 내가 갖고 있는 두뇌를 모두 사용한다, 그리고 고전과 지혜의 금언에서 빌릴 수 있는 모든 것을 빌려 쓴다."

찰스 엘리어트 Charles Eliot, 하버드 대학 총장

"위인들의 금언들은 우리의 시간을 가장 효과적으로 절약해 주며, 어떤 대학보다도 더 많은 것을 가르쳐 주고, 어떤 책보다도 더 유익한 정보를 제공한다."

칼라일 Carlyle, 영국의 사상가, 평론가

"금언들은 이상한 힘을 지닌 듯하다. 우리의 풍부하고 숨겨진 재능 즉, 신이 우리 각자에게 심어 준 그 숨겨진 위대함의 씨앗을 찾게 해준다."

클리프톤 패디먼 Clifton Fadiman, 미국의 방송극작가, 비평가 〈일생의 독서 계획〉 저자

"불안하고 혼란스럽고 어려울 때, 가장 확실한 닻은 지나간 위인들의 금언이다."
테오도르 루스벨트 Theodore Roosevelt, 미국 26대 대통령

"아무 것도 읽지 않는 것보다 무엇이든 읽는 것이 낫다. 하지만 나는 현재의 베스트셀러보다 오래된 책을 선호한다. 400년의 금언이 담긴 책을 선택하라. 우리의 시간과 정신은 최고의 것이 아닌 것에 소비하기에는 너무나 소중하다."
토마스 제퍼슨 Thomas Jefferson, 미국 3대 대통령, 독립선언 기초자

"수세기의 지혜를 잃어버린다면 가장 커다란 창고를 잃어버리는 것이다. 그 창고에는 최고의 책들의 최고의 핵심이 간직되어 있다."
패트릭 헨리 Patrick Henry, 미국 독립혁명 지도자 "자유가 아니면 죽음을 달라"

"위인들의 금언은 나에게 값을 헤아릴 수 없는 충고를 전해 준다. 어려운 문제들을 해결하도록 해 주는 나의 보고이다."

현명한 금언들은 — 우리의 피와 살 속으로 스며들어 — 우리를 이끌어 준다. 경고하고 일깨워 주고, 무거운 짐을 가볍게 해 주고, 슬픔을 위로하고, 낙심될 때 기운을 북돋아 주는 우리의 일부가 된다.

헨리 포드 Henry Ford
"방법을 찾아라, 방법이 없으면 만들어라."

밥 호프 Bob Hope, 미국의 희극배우
"다른 사람의 잘못을 말하지 말라. 자신의 미덕도 말하지 말라."

일례로, 부자인 체하는 사람은 가난해진다. 이 짧은 금언을 생각해 보라. 돈을 절약하라고 충고하는 기사나 강연들을 얼마나 많이 읽고 들었는가? 많은 노력과 시간을 들였으면서도 그때가 지나면 거의 기억으로 남지 않는다. 하지만 이 금언은 쉽게 잊히지 않는다. 오히려 펑펑 돈을 쓰고 싶어질 때마다 되살아나 우리를 괴롭힐 것이다.

모든 사람들이 금언에 담긴 메시지를 습관적으로 개발한다면, 감옥도 없고 10억 달러 어치 전쟁 예산안도 없고, 병원과 약국은 더 줄어들 것이며, 가난과 비참함과 실패와 불행도 더 줄어들 것이다. 더 살기 좋은 세상이 될 것이다.

대학 교육을 받지 못했다 해도, 다른 좋은 책들을 접하지 못했다 해도, 처칠의 말처럼 지혜의 금언을 읽음으로써 그 부족분을 메울 수가 있다.

하나의 금언은 우리의 직업과 같다. 우리가 일을 사랑하지 않으면, 그 일을 통하여 풍성한 축복을 얻을 수 없다. 금언도 마찬가지다. 금언들을 제대로 습득하면 성숙한 태도, 고상한 성격, 조화로운 개성, 감정적인 안정, 완전하고 위대한 느낌을 얻어낼 수 있다.

일단 금언에 진지한 관심을 갖게 되면, 자기 개발과 자기 교육은 자동적으로 이루어진다. 얄팍한 독서와 오락과 텔레비전은 설자리를 잃게 될 것이다. 보다 고상한 인생, 성숙한 인생을 추구하게 될 것이다. 우리의 신체가 성장을 멈춘다 해도, 우리의 정신은 계속 자라나게 된다.

금언들이 우리를 성장하게 한다. 1년간의 평범한 독서나 10년의 경험보다 단 한마디의 금언으로 더 많이 성장할 수 있다. 지식이 지식을 양육하고 관심과 흥미도 서로를 양육한다. 우리가 어느 한 가지에 관심을 기울일수록 우리의 흥미도 자라난다. 한 가지 일에 흥미를 갖게 될수록 더 많은 관심을 기울이게 된다. 처음 시작이 중요할 뿐이다.

위인들의 지혜를 읽음으로써 당신은 소크라테스, 에머슨, 제임스, 베이컨, 에디슨, 칼라일, 허버드 등의 위인들과 함께 걸어가게 될 것이다. 그들과 함께 이야기하며 걷는 것만이 아니라, 새로운 영감과 명확함이 생겨날 것이다.

몽테뉴Montaigme는 이렇게 말했다. "금언은 우리에게 양이 아닌 질을 선사한다. 금언을 읽는 한 시간은 평범한 독서 몇 주일의 가치를 지닌다. 심지어 몇 달 혹은 몇 년의 가치가 있을 수도 있다. 여기엔 지식이 아니라 지혜가 담겨 있다."

우리는 지난 24시간 안에 일어난 일들을 아주 잘 알고 있다. 하지만 슬프게도 지난 24세기 동안 축적되었던 삶의 진정한 지혜에 대해서는 너무나 아는 것이 적다.

이 책은 모든 사람을 위한 책이다. 경영자와 샐러리맨뿐만 아니라, 자녀를 키우는 어머니, 안내자와 격려가 필요한 젊은이, 무언가를 얻기 위해 투쟁중인 사람들 모두를 위한 책이다.

수세기 동안 살아남은 지혜가 여기에 있다. 처음 그 말이 내뱉어진 이후로 수백 년 간 사람들에게 위로를 전해 주었던 말들. 버림받은 자에게는 위로를, 낙담한 자에게는 희망을 주었던 말들이다. 이미 수천 명의 삶을 풍요롭게 했던 철학과 사상, 물질적 질문과 정신적 질문에 대한 대답들이다.

이 금언들은 다른 곳에서는 찾아 볼 수 없는 풍성한 지혜의 금괴이다. 쉽게 이해하고 적용할 수 있는 짧은 문장 속에 희망과 자신감, 어떤 상황에서든 맞설 수 있는 용기의 말들이 숨 쉬고 있다. 기운을 북돋아 주고 자극과 위로를 전해 주는 힘이 스며들어 있다.

힘겨운 도전과 시련에 맞서야 할 때, 심란하고 불안하고 연약하기만 할 때, 우리에게 귀한 메시지를 전달하기 위해 기다리고 있는 지혜가 있다. 우리는 엄청난 양의 지혜와 지식과 과거의 경험들을 조상으로부터 물려받았다. 그것을 이용하지 않는다면 언제나 어린 아이로 남아 있을 수밖에 없을 것이다. 혼자 힘으로 완벽하게 현명한 사람은 없다. 그 수천 년의 경험을 활용하기만 하면 몇 달 만에 몇 년의 발전을 이룰 수가 있다.

찰스 엘리엇 하버드 총장이 졸업식 연설에서 이렇게 말했다. "우리는 친구의 말이나 신문이나 광고를 통하여 접하는 정보는 기꺼이 받아들입니다. 하지만 그보다 더 우리의 인생에 영향을 미치는 가치 있는 정보는 자신의 경험으로만 배우려 듭니다. 얼마나 안타까운 낭비입니까. 단 몇 분을 금언을 읽는 데 사용한다면 수년간의 경험으로도 얻지 못하는 것을 배울 수가 있는데 말입니다. 그것은 이미 다른 사람이 만들어 놓은 다리가 있는데 굳이 강을 건너기 위해서 다른 다리를 만드는 것과 같습니다. 똑똑한 사람은 다른 사람에게 배웁니다. 다른 사람의 실패와 성공을 보고 자신의 실수를 줄여 갑니다. 그래서 그들이 똑똑한 게 아닐까요?"

다른 어떤 글보다도 금언은 우리 자신에게 우리를 소개하는 신비한 힘을 지니고 있다. 우리에게 숨겨져 있던 재능을 발견하는 기회를 제공해 준다.

과거의 위대하고 현명한 사람들이 자신의 뒤에 올 자들을 위해 지혜와 경험과 충고와 지식과 아이디어를 풍성하게 남겨 주었다. 그런데 그 귀중한 자산을 활용할 정도로 성숙하고 지혜롭고 끈기 있는 젊은이들은 그리 많지가 않다. 그것이 현란한 마력을 지니지도 않았고 극적인 눈속임도 없다는 것은 사실이다. 그저 평범하고 오래된 상식일 뿐이다. 하지만 다른 곳에서는 찾을 수 없는 지혜로운 상식이다.

사무엘 존슨Samuel Johnson, 영국의 시인, 평론가의 말을 빌려 보자. "금언은 쉽게 기억할 수 있는 짧은 문장 속에 가장 큰 지식을 집약시켜 놓은 유익한 스승이다." 시드니 스미스는 또 이렇게 적었다. "우리에게 최소한의 시간을 가져가면서 가장 많은 지식을 주는 그것이 우리를 제일 잘 도와준다."

● ● ●

프로그램 5에서는 위대한 성공 테크닉을 알아볼 것이다. 또한 헨리 카이저가 어떻게 미국의 위대한 건설업자가 되었는지에 대해서도 알아보기로 하자.

헨리 카이저는 이 기술을 이용하여 미국의 가장 위대한 건설업자가 되었다. 이 기술은 기적과 같은 효과를 발휘하기도 했다. 4백 명의 유죄판결을 받은 범죄자들(그들 중 5명이 살인자)이 '참회하는 도둑'이라는 아름다운 교회를 짓기 위해 돈 한 푼 받지 않고 4년간 정성을 기울였다.

program 5

위대한 성공 테크닉

희대의 부호인 앤디 카네기는 글을 처음 배웠을 때부터 탐욕스럽게 책을 읽어 대는 사람이었다.

그는 특히 성공한 사람들의 자서전을 좋아했고, 그들이 목표를 종이에 적어 놓은 다음 그것을 위해 노력하는 습관이 있었음을 금방 터득했다. 그는 그것이 성공의 비밀이라고 생각했다. 그리고 만나는 사람들 누구에게라도 그 비밀을 알려주었다. 직원들의 생각하는 기능을 향상시키기 위해서 15가지 항목의 질문서를 직접 만들기까지 했다.

여기서 일한 지 얼마나 되었는가? _____

왜 이곳을 직장으로 선택하였는가? _____

현재의 급여과 작업 조건에 만족하는가? _____

작업 환경 개선을 위해 제안할 점이 있는가? _____

자신이 일한 만큼 보상받고 있다고 생각하는가? _____

지금의 소득이 가족을 부양하기에 충분하다고 여기고 있는가?

_____

이런 식으로 15가지 질문이었다. 하지만 그 중에서 그가 가장 관심을 갖고 있는 대답은 단 하나였다.

목표를 종이에 적어서 그곳에 도달하기 위해 노력하고 있는가?

_____

설문지를 회수한 후에 그는 "네"와 "아니오"를 구분했다. 226명은 "네" 3572명은 "아니오"로 분류되었다.

그 다음에 그는 직원들의 소득을 알아보았다. "네"라고 대답한 226명은 회사의 중역 10%에 속해 있었다. "아니오"라고 대답한 사람들은 임금이 가장 낮은 부류의 90%에 속해 있었다.

테스트를 끝낸 후에 그는 자신이 원래 의도했던 바를 직원들에게 설명하고, 목표를 세워야만 한다고 설득했다. 그의 방법은 대단히 효과적이었다. 회사의 생산량이 증가했고, 수백 명의 직원들이 목표를 세우기 시작했다.

그들 중 많은 사람들이 부자가 되었으며, 그 중의 43명은 백만장자가 되었다.

>>> 목표 설정은 가장 위대하고 유익한 성공 테크닉이다

헨리 카이저가 15살이었을 때, 그의 삼촌이 말했다. "헨리, 네가 성공적인 인생을 살게 될 지 실패한 인생을 살게 될 지는 한 가지에 달려 있다. 네가 인생에서 원하는 게 무엇인가에 따라 달라질 거야. 그것을 종이에 적어 보거라. 매일 밤 잠들기 전에 그걸 읽어서 마음에 새기도록 해라. 그 다음날과 매일매일 그 목표에 도달하기 위해서 해야 할 일을 생각해 보아라. 앞으로 4년 동안 아니, 그 목표가 이루어질 때까지 계속하거라."

1948년 덴버 대학에서 박사학위를 받으면서 삼촌이 자신에게 해주었던 말을 학생들에게 들려주면서 말을 이었다. "그 후로 수년 동안 성공에 대한 책과 강연회를 수없이 읽고 들었지만, 삼촌의 그 말씀만큼 나를 성공으로 이끌어 준 교훈은 없었습니다. 여러분에게도 그렇게 되기를 진심으로 바랍니다."

>>> 목표 하나를 적어라

이 기술은 어떤 목표이건 다 적용된다. 큰 목표, 작은 목표, 단기적인 목표, 장기적인 목표, 개인적인 목표, 직업적인 목표, 모든 부분에 적용이 된다. 머릿속으로 생각하는 것 말고, 그 생각을 종이에

적는 것이 마법 같은 효과를 불러낼 수 있다. 종이에 적어 놓은 생각이 목표가 되고, 그 목표가 현실로 이어진다.

우리는 이미 프로그램 1에서 목표설정에 대해 알아보았다. 그곳에서는 다음날 꼭 해야 할 일 여섯 가지를 적는 것으로 이 기술을 활용했다. 하지만 이번에는 더 장기적인 목표, 일주일 정도의 목표를 적어 보자. 그 후에 한 달이나 그 이상의 기간이 걸리는 목표로 차근차근 나아가라.

너무 거창한 것으로 시작하지 말라. 너무 허무맹랑한 목표라서 당신의 머리가 실현가능성을 부인하는 것이나, 너무 오랜 시간이 걸려서 중간에 포기하게 될 수도 있는 목표는 피해야 한다. 짧은 시간과 노력으로 달성할 수 있는 목표를 선택하라.

나에게 이런 질문이 자주 들려온다. "목표를 종이에 적는 행동이 성공의 첫걸음이라는 것을 많은 사람들이 안다고 하셨던가요? 하지만 그렇게 아는 사람이 많다면, 그 행동을 하는 사람은 왜 이다지도 적은 겁니까?" 당연히 있을 수 있는 질문이다. 그 질문에 대해서 에디슨과 나폴레옹이 이미 대답한 바 있다.

나폴레옹은 이렇게 말했다.

"가장 어려운 일임과 동시에 가장 보상이 큰 일은 결단을 내리는 일이다. 커다란 일을 실천할 때에는 작은 힘으로도 가능하다. 하지만 커다란 일을 결정할 때에는 커다란 힘이 필요하다. 그리고 목표를 결정하는 것은 커다란 일이다. 우리의 전 인생에 영향을 미치기 때문이다."

정확한 결정을 하려면 정확하고 효과적인 생각이 필요하다. 그리고 생각은 그 자체가 '힘든 작업'이다. 30년간 자신의 연구실에서 일한 직원들을 관찰한 후에, 에디슨은 이렇게 결론지었다.

"대개의 사람들은 생각하는 고생을 피하기 위해서라면 무슨 짓이든 한다."

저명한 심리학자들도 "목표를 적어 놓는 행동이 우리의 무의식을 단련시켜서 현실적으로 가능하게 만들어 준다."며 고개를 끄덕인다. 그것은 땅에 씨앗을 뿌리는 것과 비슷하다. 작은 사과 씨 하나가 언제 어떻게 땅에 뿌려져서 자라고 성장하고 커다란 나무가 되어 사과 열매를 맺게 되는지 나는 모른다. 다만, 자연의 섭리에 따라서 과정이 진행되고 결과가 만들어질 뿐이다.

당신이 원하는 것이 무엇이든, 그 목표를 종이에 적은 다음 매일매일 그곳에 도달하기 위한 행동을 하라. 그것이 가장 성공의 비밀이라 불릴 만한 것에 가까운 비결이다.

괴테
"제일 먼저 합당한 목표를 세워라. 그 합당한 목표가 쉽고도 거의 자동적으로 합당한 당신을 만들어 줄 것이다."

윌리엄 제임스와 여러 심리학자들
"우리는 완전한 자아의 반만을 활용하고 있다. 고로 반만 살아 있는 셈이다. 우리가 사용하는 정신력은 아주 작은 일부에 불과하다. 우리의 내면 깊숙이 우리가 전혀 모르고 한 번도 사용하지 않았던 거대한 힘이 존재하고 있다."

그렇다면 어떻게 해야 우리의 정신력을 좀 더 깨울 수 있을까? 빈둥거리며 놀고 있는 120억 개의 뇌세포를 더 깨워야 한다. 물론 어떤 녀석들은 스스로 깨어나기도 하지만, 목표를 세워서 그곳을 바라보며 노력하는 것이 가장 강력하고도 확실한 방법이다.

어떤 목표이든 선택하라. 목표를 선택했다면 그것을 현실화하는 임무가 당신에게 남게 된다. 자동차를 말끔하게 수리하고자 할 때는 최상의 도구를 선택해야 한다. 목표를 현실화하고 싶을 때, 당신도 가장 최고의 것, 가장 빠르고 확실한 도구를 골라야 한다. 그것이 무엇일까? 물어 볼 필요도 없이, 연필과 종이이다. 즉, 글로 쓰라는 말이다.

앞에서 에디슨이 말한 것처럼, 나 또한 강의를 거치면서 그것을 알게 되었다. "많은 사람들이 글 쓰는 고생을 피하기 위해서라면 무슨 짓이든 한다. 자기 암시, 긍정적인 사고, 명상, 확신, 심지어 최면까지 기꺼이 연습하지만, 글을 쓰는 일에는 몸을 사린다."

그것은 목표를 현실화하는 일에 사용될 가장 날카로운 도구를 집어던지는 짓이다. 왜 그럴까? 글을 쓰려면 생각을 해야 하고, 그것도 대단히 정확하게 생각해야 하기 때문이다. 베이컨의 말을 들어보라. "독서는 완성된 사람을 만들고, 연설은 준비된 사람을 만들고, 글쓰기는 정확한 사람을 만든다. 저급한 동물과 인간을 구별하는 커다란 차이점은 언어이다. 그리고 언어의 가장 차원 높은 형태가 바로 글이다."

글을 쓰려면 억지로라도 생각을 해야 한다. 정신을 집중해서 정확하고 의미 있게 생각하는 것이 말을 하거나 말없이 깊이 생각하는 것보다 열 배쯤 더 힘들다. 지금 당장이라도 생각 없이 뭔가를 쓰려고 시도해 보라. 쓸 수가 없을 것이다. 글로 쓰는 행위는 뇌세포에게 생각을 하도록 단련시킨다. 그것이 정신력을 개발시킨다.

모든 성공의 출발점은 비전과 꿈을 갖는 것이다. 그 꿈이 계속되면 소망으로 변한다. 그리고 확실하게 소망하는 것이라면 계획과 행동으로 이어지게 된다. 하지만 우선, 목표가 분명해야 하고 그 목표를 글로 적어야 한다. 그렇지 않으면 그저 스치는 생각으로 끝나 버린다.

목표를 종이에 적지 않는다면 당신은 단지 장난을 치고 있을 뿐이고, 진지함이 결여되어 있다. 종이에 목표를 적는 행동만으로도 목표를 현실화하기 위한 노력으로 당신의 무의식을 이끌어 갈 수 있다.

내부에서 우러나오는 감정과 느낌이 무의식에 메시지를 전달할 수 있다. 일상적인 생각이나 말 정도로는 그 감정이 우러나오지를 않는다. 종이에 적혀 있는 당신의 목표를 보게 되면, 뇌리에 더 깊은 인상이 박히고 더 오랫동안 기억하게 된다. 그것이 당신의 무의식을 관통하여 들어가는 것이다.

잠재적으로 위대해질 수 있는 사람들인데도 불구하고 평범함에 머물러 있는 사람들은 목표를 글로써 적지 않기 때문이다. 반면에 목표를 글로 적은 평범한 사람들은 부를 향해 나아가고, 심지어 위대함으로까지 근접해 간다. 글로 적어 놓은 목표는 명석함이나 행운이나 추진력이나 심지어 천재성보다도 더 막강한 힘을 지니고 있다.

목표를 글로 써 놓는 이 방법은 너무나도 중요하다. 그래서 나는 당신의 귀에 못이 박힐 때까지 집요하게 되풀이할 것이다. 그 행동을 당신에게 이끌어 내기 위해 최선을 다할 것이다. 글 쓰는 것을 좋아하든 좋아하지 않든, 억지로라도 써야 한다. 노력해서 안 되는 일은 없다. 어떤 습관이든 익혀 나갈 수 있다. 다만 그러기 위해서는 극기와 의지력과 훈련이 필요하다.

목표를 쓰는 일은 씨앗을 심는 것과 같다. 사과 씨가 자라면서 필요한 물과 공기를 자발적으로 끌어 모으듯, 목표를 글로 쓰는 행동도 또 다른 성공 요소들을 불러들인다. 정신적으로 육체적으로 그 목표를 각인 시켜라. 그것이 두 배의 힘을 지닌다. 하나의 힘보다 더 빠른 결과를 가져온다. 우리의 의식보다 훨씬 똑똑한 무의식의 세계에까지 도달하게 하라.

목표를 글로 쓰면 가속도와 생명력이 생긴다. 그 목표를 명확하고 영구적으로 만들어 준다. 머릿속의 생각은 단 몇 초 정도만 지속될 뿐이다. 하지만 종이에 적어 둔 것은 절대로 잊어버리지 않는다. 종이에 쓰는 행동에는 두 가지 위력이 있다. 첫 번째는 무의식으로 흡수되게 하는 힘과, 두 번째로는 의식을 통하여 행동으로 변화시키는 추진력이 바로 그것이다.

글로 쓰는 것은 마법사를 고용하는 것과 같다. 어디에서 나타났는지 모를 외부적인 힘들이 당신을 도와주러 달려온다. 어떻게 그런 일이 일어나는 것일까? 전문가들이 제시하는 이론을 소개하자면 다음과 같다.

사람의 의식은 인생의 지배자이다. 무의식은 공장이다. 이 공장은 거대한 컴퓨터이기도 하다. 거기에 수천 가지의 각기 다른 아이디어와 계획과 개념들과 생각들이 담겨 있다. 의식의 세계가 명령하여 종이에 적도록 한 것은, 무의식에게 주위의 생각과 사실들을 비교하고 결합하고 수정하고 버리고 개조해 보라는 신호를 보낸다. 그리고 그 목표를 현실화할 수 있는 새로운 아이디어와 계획과 방법들을 만들어 보게끔 한다. 심지어 궤도를 벗어나면 스스로 수정하고 원래의 궤도로 돌아오게 하는 역할까지 담당한다.

종이에 적어 놓은 목표는 결코 잊어버리지 않는다. 그것은 어느 면에서 무의식에 기록하는 것이라 할 수도 있다. 무의식은 우리 자신의 공책과 같아서, 우리의 눈과 마음에 투사된 그것이 행동으로 나타날 때까지 귀찮을 정도로 달라붙는다.

글로 쓰게 되면, 그것이 120억 개 뇌 세포를 활성화시켜서 목표를 위해 노력하라고 자극한다. 이 무의식의 세계가 어떻게 작동하는지에 대해서는 거의 알려진 바가 없다. 하지만 전기가 발생하는 원리를 모른다고 해서 그 원리를 알아낼 때까지 어둠 속에 앉아 있고 싶은 사람은 없을 것이다. 우리는 그저 스위치를 눌러서 불을 켜는 것으로 만족한다. 목표를 쓰는 일도 그렇게 하자. 그 행동을 한 사람들은 승리하고, 그렇게 하지 못한 사람들은 실패한다.

목표를 쓰는 일은 스위치를 켜는 것과 같다. 두 개의 전선이 만나서 전류를 흐르게 하듯, 종이와 연필이 만나야 한다. 그럼 전기가 통해서 불빛이 밝혀지는 것처럼, 당신 안에 잠들어 있던 정신력이 깨어나서 인생의 구석구석으로 스며든다.

종이에 써 둔 메모는 절대 사라지지 않는다. 당신의 무의식도 잊지 않는다. 그것이 몇 주일 후에 활화산 같은 불을 뿜어낼 수도 있다. 이 간단한 행동이 다른 어떤 행동보다 그 목표를 현실로 만드는 데 기여할 것이다.

무의식의 세계로 메시지를 전달하고 나면 당신의 문제는 반 이상 해결된다. 6주 안에 그것이 당신의 전 인생을 바꿀 수 있다. 기적 같은 일이 일어나기 시작한다. 목표를 이루기 위한 아이디어들이 난데없이 떠오르고, 희망이 샘처럼 솟아오른다. 당신은 방황하던 상태에서 추진력 있는 상태로 변화해 간다. 낙관주의가 비관주의를 대체하고 긍정적인 사고가 부정적인 사고를 앞지른다. 희망이 꽃을 피우며 절망은 저 멀리 달아난다. 자신감이 모든 의심을 밀어내고 무관심이 열성으로 바뀐다. 올바른 인생의 궤도에 올라서게 되는 것이다.

당신의 무의식은 당신에게 놀라운 효과를 발휘한다. 행동해야 할 동기를 부여한다. 당신의 발밑에 불을 지펴 '정신 차려라' 라고 촉구한다. 당신의 태도와 관점을 전체적으로 바꿔 놓는다. 종이에 쓰는 행동이 단 몇 분밖에 걸리지는 않지만, 행동하기만을 원해 왔던 20년보다 더 많은 일을 해 줄 것이다.

종이에 적힌 목표를 들여다보면 그 동안 흐릿했던 점들이 갑자기 분명해진다. 그 목표가 당신의 정신과 행동을 사로잡는다. 새로운 아이디어를 생각하게 되고, 새로운 에너지와 열정과 집중력을 동반하는 새로운 정신까지 생겨난다.

이렇듯 무의식의 힘은 강하다. 그 강한 무의식을 동원할 수 있는 지름길이 바로 종이에 목표를 쓰는 일이다. 하지만 우리는 한시라도 빨리 결과를 보고 싶기 때문에, 도움이 될 만한 요소들을 모조리 사용해야 한다. 우리의 의식도 동원해야 한다는 뜻이다. 의식과 무의식이 서로 협력을 해야 가장 빠른 결과를 일궈 낼 수 있다.

그 목표를 마음에 새겨라. 그러려면 노력이 필요하다, 의식적인 노력이 필요하다. 글로 적혀 있는 목표를 들여다보아라. 단지 생각만 하지 말고, 분명히 눈으로 보아야 한다. 매일 저녁 그것을 읽어 보아라. 몇 개의 메모지에 그 글을 적어서, 자동차 안, 침실, 욕실 할 것 없이 자연스럽게 보게 되는 장소에 놓아두어라. 당신의 의심쩍은 기억력에 의존하지 말라.

당신의 성공 여부와 성공 속도는 당신의 열정이 얼마나 오래 유지되느냐에 달려 있다. 몇 분간만 열정적인 사람도 있을 테고, 며칠 혹은 몇 주나 몇 달간 열정을 지니는 사람도 있을 것이다. 하지만 진짜 승리자는 수년 동안 그 열정을 유지하는 사람들이다. 열정을 지니면 에너지가 생긴다. 당신의 목표를 향해 달릴 수 있도록 내면에서부터 당신을 다그친다.

또한 무의식의 세계가 단순한 생각이나 애매한 소망에 전혀 반응하지 않는다는 점도 명심하라. 무의식은 강렬한 느낌과 감정에만 관심을 기울인다.

당신의 의식을 굳건히 하는 방법들은 이외에도 여러 가지가 있다.

1. 큰 소리로 자신에게 말하라. 긍정적인 어조로 그 목표를 이루고야 말겠다고 소리쳐라. 이미 그것을 이루었다고 말해도 좋다.
2. 시각화시켜라. 목표가 현실화되는 광경을 마음속으로 그려 보라.

3. 당신의 목표가 달성된 그날, 당신이 받게 될 풍성한 보상들을 되새겨라. 저녁마다 그 목록을 읽어라.
4. 명상하고 확신하라.
5. 당신이 관심을 갖고 있는 분야에 몸담고 있는 사람들과 이야기를 하라.
6. 당신의 목표와 관련되어 있는 잡지를 읽어라.
7. 당신이 관심 갖는 분야에 있는 사람들에 대해서 써 놓은 서적과 기사를 읽어라.
8. 성공에 관한 강연회, 녹음테이프를 들어라.
9. 성공한 사람들과 사귀어라.
10. 자신만의 방법을 찾기 위해 노력하라. 기회 있을 때마다 생각하는 연습을 하라. 어려운 일이 아니다. 다른 생각들을 결합하고 비교하라.

  의식적으로 중요하게 여겨야 할 일은 긍정적인 사고의 습관을 기르는 것이다. 우선은 부정적인 생각에 영원히 마음을 닫아 버려야 한다. 한순간도 마음속으로 비집고 들어오지 못하도록 하라. 쫓아 버려라. 부정적인 생각은 독약이다. 당신의 의식은 빨리 배울 수 있다. 6주 정도의 노력이면 긍정적인 사람으로 탈바꿈할 수 있다.
  당신의 생각은 실패의 발전소가 될 수도 있고, 성공의 발전소가 될 수도 있다. 긍정적인가, 부정적인가에 따라 달려 있다. 긍정적인 사고가 성공과 실패를 판가름한다. 긍정적인 사고는 의심을 물리친다. 의심은 우유부단함을 불러들이고 그 후에는 두려움까지 끌고 온다. 그러므로 최대한의 노력과 훈련과 의지력을 동원하여 꾸준히 긍정적으로 생각하라.

>>> 아는 것으로는 부족하다

아는 것만으로는 부족하다. 되도록 자주 정신을 환기시키고 일깨워야 한다. 인생의 밑바닥에서 출발하여 가장 높은 자리로 올라서고자 하는 사람은 1년에 한 번이나 분기마다, 혹은 월별로가 아니라, 매일매일 하루같이 자신을 각성시켜야 한다. B. C. 포브스[미국의 경제전문지인 포브스 잡지 창립자]는 20년 동안 매주 세 권씩 성공학 책을 읽었으며, 경제계·교육계·종교계·연예계 할 것 없이 모든 분야의 지도자들이 성공과 긍정적인 사고와 인간관계에 관련된 책들을 꾸준히 읽으면서 자신을 개발하고 있다. 나폴레옹도 이렇게 말한 바 있다. "지도자leader들은 독서가reader들이다."

덴버 대학 학생들에게 헨리 카이저가 했던 말을 기억하는가? "목표를 결정한 후에 그것을 종이에 적어라. 그것을 마음에 새기면서 매일 저녁 읽어라. 그 다음날과 매일매일 그 목표에 조금씩 접근해 갈 수 있는 행동을 하라. 5년간, 아니 그 목표를 이룰 때까지 그렇게 계속하라."

당신은 이렇게 말할지도 모른다. "하시만 그건 말처럼 쉬운 일이 아닙니다. 대단한 의지력과 생각이 필요한 것이죠. 헨리 카이저나 다른 거물들에게는 효과가 있었을지 모르지만, 나에게는 그런 의지력이 없습니다. 5년 동안 매일매일 그 목표에 집중할 만한 끈기가 없어요."

당신이 걱정하는 이유가 단지 그것뿐이라면, 좋은 소식이 준비되어 있다.

〉〉〉 성공하기 위해서 굳이 똑똑할 필요는 없다

당신에게 성공을 향해 매진할 의지력이 없다고 했는가? 그렇다면 실망할 필요가 없다. 세상의 위인들도 당신과 하나 다를 것이 없었다. 그 정도로 강한 의지력을 지닌 사람은 아무도 없다. 그렇게 행동했던 사람도 없었다. 카이저, 링컨, 포드, 콘웰도 모두 의지력으로 자신을 재촉한 것이 아니었다. 그들은 끌려갔다. 강한 내면의 느낌에, 강렬한 감정에, 내면의 충동과 재촉, 비전과 인생의 목표에 끌려갔을 뿐이다.

그 강력한 내면의 충동과 인생의 목표가 완벽하게 그들의 속으로 스며들었다. 그것이 그들을 꼼짝 못하게 움켜잡았고, 깊은 곳 구석구석까지 낙인처럼 찍혀서 필수 불가결한 그들의 일부가 되어 버렸다.

그것은 그들을 쉬게 해 주지 않았다. 계속 그들을 움직이게 했고 밤낮으로 그들을 쑤셔 댔다. 너무나 집요해서 너무 강하게 그들을 끌어당겨서 목표를 향해 노력하는 것이 차라리 중단하는 것보다 더 편했던 것이다.

이 내적인 감정, 목표를 개발하지 않는 한 성공으로 가는 길을 정확히 알고 있을지라도 행동으로 옮기지는 못한다. 아무리 명석한 머리나 강한 의지력도 이 강력한 내면의 감정을 대신할 수는 없다. 내면에서 우러나오는 감정이 없으면 최선의 계획, 가장 확실한 이유들도 작심삼일로 끝나 버릴 것이다.

커다란 성공에는 많은 장애물들을 뛰어넘어야 할 만큼 그만한 요구가 따르기 마련이다. 오랜 시간 동안 각고의 고생과 땀방울과 노고가 필요하고 지겨움조차 이겨 내야 한다. 위대한 추진력은 몇 주일이나 몇 달간 계속되는 것이 아니라 몇 년 이상 지속되어야 한다. 이것은 의지력으로 할 수 있는 일이 아니다. 더 깊고 더 강하고 더 고집스러운 힘, 감정과 느낌과 목표로써 해야 할 일이다.

〉〉〉 머리로 아는 것이 아니라 느껴야 한다

성공을 위해서 엄청난 노력이 필요하다는 것을 머리로 안다고 해도, 이 내면적인 감정이 부족하면 실천을 하지 못할 것이다. 왜? 머리로 아는 것만으로는 행동이 연결되지 않기 때문이다. 행동을 유발하려면 감정이 필요하다. 시시때때로 변하는 피상적이고 변덕스런 감정이 아니라, 당신의 가장 깊은 곳에서 우러나오는 감정, 결코 사라지지 않는 내면의 느낌이 필요하다. 비전, 인생의 목적과 목표로 인해서 생겨난 느낌말이다.

의지력을 격하하는 것이 아니다. 의지력도 필요하다. 그것이 없으면 나약한 무기력자에 지나지 않는다. 일상생활에서 부딪히는 걸림돌들을 헤쳐 나가기 위해 매일매일 의지력이 필요하다. 가능한 방법을 다 동원해서 의지력을 개발하라.

내가 여기서 말하고자 하는 요점은 의지력이 커다란 성공의 주된 요소는 아니라는 점이다. 성공을 위해서는 정신을 집중하고, 관심을 쏟고, 그 관심이 욕망으로 자라 목표로 변한 다음 계획과 행동으로 이어질 수 있을 때까지 목표에 집착해야 한다.

의지력만으로 커다란 성공을 이루려는 것은 사랑하지도 않는 고아를 먹여 살리려고 애쓰는 것과 같다. 당신은 '의무'를 다하기 위해 매일매일 자신을 재촉할 뿐이다. 하지만 그 아이가 당신의 핏줄이라면, 그 아이가 미워질 때라도 아이와의 끈끈한 감정이 당신의 행동을 지배할 것이다.

이 목표의식과 감정이 당신을 움켜잡으면 그 무엇도 당신을 가로막지 못한다. 내면에서부터 추진력이 생겨난다. 당신의 감정이 목표로 가는 최단 코스를 찾아보라고 다그칠 것이다. 장애물이라 불리는 하찮은 변명들을 코웃음으로 물리치고, 목적지에 닿을 때까지 밤낮으로 당신을 밀어 댈 것이다. 당신은 그 목표를 꿈꾸며 갈망하게 될 것이다. 기술이 필요하다면 그 기술을 개발하고, 지식이 필요하면 그 지식을 얻어내고, 자본이 필요하면 자금을 모아들이고, 하나의 계획이 실패하면 다른 계획을 시도해 볼 것이다. 어떤 고난을 무릅쓰고라도 도착할 때까지 계속 나아갈 것이다.

>>> **거인들이 사용한 방법**

머리가 아닌 감정이 기업과 병원과 노동 단체와 지역사회를 만들어 낸다. 생각해 보라. 위대한 사람들이 공통적으로 지녔던 성공 요소는 무엇이었을까? 믿음, 추진력, 자신감, 열정, 끈기, 용기, 의지력, 야망, 비전 여러 가지가 있겠지만, 가장 기본적인 토대는 지성이 아니라 감정이었다.

에머슨은 말했다. "열정이 없이는 그 어떤 위대함도 생겨나지 않는다." 단조롭고 지루하고 고된 과정 없이 이루어진 위대함도 없다.

템플 대학, 구세군, 포드 자동차, 적십자, 파이어스톤, 듀퐁 등은 어땠을까? 어떤 경우이든, 설립자의 마음에 자리 잡았던 강렬한 감정이 그를 성공으로 이끌어 주었다. 명석한 두뇌와 끈기와 기민함이 뒷받침되기는 했어도, 감정과 비전과 목표가 그들을 더 많이 지탱해 주었다.

부자가 되고 싶든, 억대 연봉의 세일즈맨이 되고 싶든, CEO 혹은 스타 연예인이 되고 싶든지 간에, 당신이 올바르게 내딛을 수 있는 유일한 단계는 이성을 압도할 정도의 목표, 비전을 개발하는 것, 당신을 성공으로 밀고 잡아당길 수 있는 그것을 찾아내는 것이다. 그렇지 않으면 모든 '평범한' 사람들이 그러했듯이 옆길로 쓰러지고 만다.

이 올바른 감정이나 목적이 세상의 어떤 책이나 대학에서 배우는 지식보다 더 빠르게 더 멀리 당신을 전진시킬 것이다.

〉〉〉 실패의 진짜 이유

강력한 목표와 목적의식의 결여는 허무와 실패를 낳는다. 내가 만난 2,000명 이상의 사람들을 분석해 본 결과, 87%가 잠재력을 최대한으로 발휘하지 못하고 있었다. 그 이유는 그들의 앞을 끌고 밀어 줄 목표와 비전이 없기 때문이었다.

　당신의 진정한 힘과 가능성을 찾아내려면, 우선 내부에서 소리치는 강렬한 목적의식이 저항할 수 없을 정도로 강해야 한다. 그런 감정은 자석과 같아서, 뒤에서 굳이 밀어 줄 필요도 없이 앞에서 당신을 끌어당긴다. 당신의 강력한 무의식이 의지력을 대신하여 당신을 끌고 간다.

　이 목표의식이 짜증, 두려움, 증오, 불안, 변명, 강박관념의 근원에서 당신을 해방시킨다. 문제가 생길 때마다 자정 시스템이 발동하여 그 장애물을 시시한 것으로 만들어 버린다. 당신을 무기력하게 마비시키는 콤플렉스, 쓸모없는 불안 초조도 모두 쫓아 버린다.

　성공과 실패의 차이, 강함과 약함의 차이, 큰 사람과 작은 사람의 차이, 어른과 아이의 차이를 구별해 주는 것은 인생의 강렬한 목표다. 죽기 아니면 살기로 매달리는 그 목표이다. 또한 그 어떤 문화나 교육이나 권력도 목표 없이는 두발 달린 짐승을 인간으로 만들 수 없다.

다음 프로그램 6에서는 실패자에서 승리자로 변모할 수 있는 방법을 알아보기로 하자.

콘웰 박사는 '다이아몬드의 땅'이라는 강의를 진행하면서 실패자를 승리자로 바꾸는 혁신적인 방법을 발견했다. 때로는 이 변화가 거의 즉각적으로 일어나기도 한다.

program 6
러셀 콘웰의 정신개발 프로그램

'평범한' 사람이 갑자기 '특별한' 승리자로 변화되었을 때 그 사람의 정신세계에서는 과연 무슨 일이 벌어진 것일까?

그 일의 가장 간단한 설명은 다음과 같다.

>>> 우리는 120억 개의 뇌세포를 지니고 있다

우리가 태어나기 전에는 이 세포들도 깨어나지 않는다. 모두가 오므려진 꽃봉오리처럼 잠들어 있다. 하지만 우리가 태어나는 순간 그 중에서 어떤 부분들이 꿈틀거리기 시작한다.

그 세포들은 모두 동시에 똑같은 속도로 깨어나질 않는다. 숨 쉬고 울고 먹는 등의 행동을 지배하는 기초적인 부분들이 먼저 깨어난다. 그런 다음 걷고 말하는 등의 행동을 지배하는 다른 부분들이 따라서 깨어난다. 다른 것들은 5살 때, 또 어떤 것들은 10살, 20살, 30살 때, 40, 50, 60, 70살 때, 심지어 그 후에 깨어나는 부분들도 있다.

윌리엄 제임스와 다른 심리학자들은 말한다. "우리가 마땅히 되어야 할 것에 비하면, 우리는 반밖에 깨어 있지 않다. 우리는 정신의 아주 작은 부분만을 사용하고 있다.

우리의 내면 깊은 곳에는 우리가 전혀 알지 못하고 사용해 보지 않은 힘이 잠들어 있다."

〉〉〉 초능력을 지닌 뇌세포들을 깨워야 한다

고도의 능력을 지닌 뇌세포 대부분은 저절로 깨어나질 않는다. 무덤에 들어갈 때까지 수면병에 걸린 듯 남아 있다. 어떤 감정적인 경험이 그들을 깨워 일으키지 않는다면, 그리고 개발하지 않는다면 말이다. 때로는 이 정서적인 경험이 위인들의 성공 이야기를 읽는 것으로 찾아오기도 한다.

그것이 우리에게 노력하고 싶어지는 마음을 이끌어 낸다. 때로는 책이나 설교, 현자의 말 한마디, 강연, 충격 등의 다른 정서적 알람 시계로 인해 깨어나기도 한다.

그러한 계기가 사람의 인생에서 일어날 수 있는 가장 가치 있는 일이다. 헨리 포드는 열 살 때 읽은 시 한 편과 그에 대한 기억이 자신의 정신을 깨워 주었다고 말한다. 템플 대학의 설립자인 러셀 콘웰은 내면의 힘을 불러내는 두 가지 요소를 발견한 후에야 비로소 깨어나기 시작했다. 저명한 수필가 프랭크 크레인 박사는 〈천로역정〉이 자신의 인생을 바꿔 놓았다고 한다.

윌리엄 피트^{Wm. Pitt, 영국의 정치가}도 〈국부론〉을 읽을 때까지 자신이 인생의 떠돌이에 불과했다고 고백한다. ― "그 책을 읽고 난 후에 나는 새 사람이 되었다." 벤자민 프랭클린은 두 개의 금언을 읽음으로써 위대함으로 나아갔고, 케니 수녀는 "그대를 화나게 하는 자는 그대를 정복한 것이다."라는 문장 하나가 자신의 인생에 대변혁을 가져왔다고 했다.

모든 사람은 잠들어 있는 거인이다. 무언가가 내면의 힘을 깨울 때까지, 또는 게으른 뇌세포들을 깨워 일으킬 때까지는 말이다.

〉〉〉 인생의 가장 슬픈 발견

에머슨은 "생을 마감하기 전에 깨어나는 사람은 극히 드물다."라고 말했다.

우리의 커다란 자아가 우리의 왜소한 자아 밑에서 파닥거리고 있다. 너무 늦게 자신의 재능을 충분히 발휘하지 못하고 잠재력의 일부만 사용하며 살았다는 것을 발견하게 될 때, 우리는 인생의 가장 슬픈 발견을 하게 된다.

성공의 뿌리에 영양분을 주는 것이 단순한 배움보다 열 배 더 중요한데도, 우리는 위인들의 성공의 방법을 일찌감치 터득하지 못하는 것이다.

엘버트 허버드
"위인의 지혜를 배우는 것은 거인의 어깨를 타고 성공으로 달려가는 것과 같다."

나는 야심에 찬 사람을 만날 때마다, 러셀 콘웰 박사의 혁신적인 정신개발법에 대하여 이야기 한다. 목사이자 교육자였던 콘웰 박사는 어느 날 강연 준비를 하다가, 120억 개의 뇌세포를 좀 더 깨울 수 있는 두 가지 요소를 발견했다.

그 중 하나는 목표설정이고, 다른 하나는 의지력이다. 좋든 싫든 끝내야 할 시간에 해야 할 일을 하도록 하는 힘이 바로 의지력이다. 이 두 가지 특징이 결합되면 다른 특징들이 모인 것보다 더 성공으로 가는 길에 힘을 실어 준다. 그것이 성공의 '뿌리'에 영양분을 제공한다.

콘웰 박사의 강연 중에서 가장 유명한 강연이 있다. 일명, '다이아몬드의 땅'이라는 것인데 6천 번 이상 사람들의 귀에 전달되었고, 그 수입으로 그는 템플 대학을 설립할 수 있었다.

'다이아몬드의 땅'은 돈 많은 농부 알리 하페드에 대한 이야기다. 그 남자는 다이아몬드로 어마어마하게 부자가 된 사람에 대한 이야기를 듣고 귀가 솔깃해졌다. 그래서 농장을 팔아 치우고 다이아몬드를 찾아 나섰다. 하지만 아무 것도 찾아내지 못한 채 결국 무일푼으로 세상을 떠났다.

그런데 그의 농장을 샀던 사람이 농장 뒤뜰에서 '다이아몬드의 땅'을 발견할 것이다. 그 땅이 세계에서 제일 큰 골콘다 Golconda 다이아몬드 광산이 되었다.

당신의 집 뒤뜰을 파 보라고 하는 이야기가 아니다. 당신에게는 또 다른 다이아몬드의 땅이 있다. 120억 개의 뇌세포가 그것이다. 지금 게으르게 놀고 있는 120억 개의 뇌세포를 깨워 내면, 당신의 성공, 당신의 미래까지 보장해 줄 수 있다. 목표설정과 의지력이라는 두 가지 특징을 갈고 닦는다면 다른 것들은 저절로 당신에게 따라올 것이다.

콘웰 박사는 자신의 대학을 졸업하는 학생들에게도 그 점을 강조했다.

"여러분이 지난 4년간 여기서 배운 것은 모두 잊어버린다 해도, 목표설정과 의지력이라는 두 가지 특징을 영원히 기억해서 습관으로 바꿀 수만 있다면 나는 만족합니다. 그 두 가지 요소가 여러분의 문제를 해결해 줄 것이고, 여러분의 인생을 성공으로 이끌어 줄 것입니다."

콘웰 박사가 나에게 감동을 주었던 말이 또 하나 있다.

"승리하고 싶다면 시작하십시오. 모든 승리는 시작으로부터 출발합니다. 가장 힘든 부분이 시작입니다. 시작을 한다면 절반을 행동한 것과 같습니다. 시작이라는 첫 단계를 밟아서 가속도를 내고 내적인 에너지를 재촉하면, 또 다른 단계, 또 그 다음 단계로 나아가는 원동력이 일어납니다. 일단 시작하기만 하면 그 일이 끝날 때까지 계속하게 될 것입니다."

그것은 행동을 촉구하는 나팔소리다. 그것이 잠자고 있는 영혼의 힘을 깨울 것이다. 이미 수천 번 그 위력을 발휘했고, 지금 나에게도 효력을 발휘하고 있다. 당신에게 진심으로 이루고 싶은 목표가 있는가? 그렇다면 지금 당장 당신이 할 수 있는 일을 시작하라. 실행할 수 있는 것을 생각하라.

시작에는 힘과 마력이 있다. 한 걸음만 나아가면 당신의 정신이 뜨겁게 성장한다. 시작하라, 그럼 당신의 일이 완성될 것이다. 한 걸음 나아가고 나면 가속도와 내면의 에너지가 당신을 촉구하여 다시 한 걸음 또 한 걸음 나아가게 한다. 일단 시작하면 당신의 목표가 완성될 때까지 계속하게 될 것이다.

· · ·

프로그램 7은 의지력 개발 방법에 대해서 말하고 있다. 그것은 마음이 내키든지 내키지 않든지 간에, 해야 할 일을 꼭 해야 할 때 하기 위해서 훈련하는 것을 의미한다.

당신이 이 의지력을 목표설정과 결합시켜서 습관으로 만들면, 다른 특징들이 결합한 것보다 더 커다란 성공의 원동력이 된다. 성공으로 가는 고속도로 위에 올라서는 셈이다.

이 부분과 프로그램 5를 함께 익히면 성공으로 가는 고속도로에 올라설 수 있다. 이 두 가지 프로그램이 가장 커다란 성공의 위력을 지니고 있다.

program 7
두 번째로 위대한 성공 테크닉

이번에는 성공을 위해 필요한 요소 중에서 두 번째로 중요한 의지력, 극기, 훈련 방법을 알아볼 것이다. 헉슬리Huxley, 영국의 소설가, 평론가의 말에 의하면, "가장 소중한 교육은 우리의 마음이 내키든 내키지 않든, 꼭 해야 할 일을 꼭 해야 할 시기에 할 수 있도록 우리를 훈련시키는 것이다."

당신이 이 특성을 목표설정과 결합시켜서 습관으로 만들어 간다면, 당신에게는 무적의 팀이 생기는 셈이다. 그 두 가지가 힘을 합하면, 성공을 향해 뻗어 있는 속도 무제한 고속도로에 당신을 올려줄 수 있다.

성공을 위해서는 단순히 아는 지식이나 배움보다 의지력이 열배 더 중요하고 더 유용하다.

>>> 의지력이 인간을 거인으로 만든다 — 백만장자로도 만든다

의지력은 장애물, 싫증, 권태, 지겨움, 기타 문제들을 쓰러뜨리는 비밀 무기가 될 수 있다. 6개월 동안 매일 연습하라. 목표설정과 의지력이 다른 성공의 습관들을 합친 것보다 더 중요하고 더 유용하다는 점을 명심하라.

물론 처음에는 어느 정도의 노력이 필요하다. 하지만 그 작은 노력에 비해 보상은 수백 배나 더 뒤따를 것이다. 그리고 평생 동안 그 보상이 지속될 것이다.

어느 젊은 음악가가 파데레프스키(Paderewski, 폴란드의 피아니스트, 작곡가)에게 어떻게 하면 자신도 당신 같은 피아노의 거장이 될 수 있느냐고 물었다. 파데레프스키는 대답했다. "거장이 되려면 먼저 그 노예가 되어야 한다." 자연의 섭리를 나의 것으로 만들고 싶다면 먼저 복종해야 한다. 고통 없이는 얻는 것도 없다. 고단한 노력 없이는 승리도 없다. 장군으로서 명령을 내릴 수 있기 전에, 우선 훈련병으로서 명령을 받아야 하는 법이다.

이 프로그램의 노예가 되려는 마음가짐으로 시작하라. 너무 자만하지 말라. 고단함에 축복이 있다. 당신이 자신에게 부과해야 할 이 훈련은 어렸을 때 부모님이 당신에게 부여했던 훈련과 같은 축복이다. 그런 훈련이 없었다면 당신은 결코 지금처럼 성장하지 못했을

것이다. 그저 이기적인 동물, 괴성을 내지르는 야만인에 불과했을지도 모른다.

훈련이란 오늘 당신의 모습을 만드는 것이다. 더 크고 위대하고 고상한 당신…… 당신이 될 수 있는 그 모습을 향해 당신을 전진하게 하는 것이다. 단순한 지식만으로는 안 된다. 세상은 박사 학위를 지닌 택시 운전사들과 대학을 졸업한 주유소 직원들로 가득 차 있다. 기술과 능력만으로도 안 된다. 기술과 능력을 지닌 많은 사람들이 일자리를 찾아 헤매고 있다. 행운만으로도, 배경만으로도 안 된다. 훈련이 없으면 당신이 지닌 강점들을 현금화시킬 수 없다.

지난 15년간 아일랜드의 복권 경마에서 당첨된 15명 중에서 12명이 전보다 더 상황이 악화되었던 것으로 나타났다. 하나는 술 취해 죽었고, 다른 한 명은 자살했고, 두 사람은 돈 한 푼 없는 거지로 세상을 마감했다. 여덟 명은 차라리 돈을 따지 않았을 때가 더 나았다고 인정했다. 이유가 뭘까? 훈련이 없었기 때문이다.

많은 백만장자들이 이런 말을 하는 것도 놀랄 일이 아니다. "자녀에게 단 한 가지밖에 선물할 수 없다면, 자제력을 길러 주어라."

이 의지력 훈련을 꼭 완수하겠다고 결심하라. "내가 시작한 일을 끝내는 것은 나에게 달려 있다. 그 점을 아는 것이 다른 어떤 훈련보다도 더 빠르게 자신감을 길러 준다."

몸의 근육을 만들고 싶을 때나, 정신력 혹은 여타 기술을 습득하고 싶을 때나, 기본은 언제나 실천이다. 행동하고 연습하고 훈련해야 한다. 당신의 인생을 바꿀 수 있는 유일한 근원이 실천이다. 자신의 힘을 개발하고 싶다면, 행동하라.

아는 것을 연습하고 훈련을 거치는 것이 행동의 방법이다. 성공을 쟁취하고 쓸모없이 낭비적인 행동을 줄이는 것이 중요하다. 단순한 지식이 아닌 행동과 실천을 가르쳐야만 진정한 교육이 실현될 수 있다. 이 책은 당신의 성공을 위해 — 무엇보다도 소유하고 싶은 것, 하고 싶은 것, 되고 싶은 것을 얻기 위해 — 당신에게 필요하고 효과적인 특성을 훈련시키는 체육관과 같다.

당연히 여기에는 노력이 필요하다. 하지만 어느 누가 하릴없이 배회하는 게으름뱅이가 되고 싶겠는가? 무슨 일이든 일단 어려움을 거치고 난 후에야 쉬워진다. 콘웰 박사도 "어떤 일이든 고단함이 없는 것에는 가치가 없다. 노력하라. 관심과 재미가 자라는 순간 그 고단함은 끝날 것이다."

이곳에서 주장하는 성공의 특성은 의지력, 극기, 자기 훈련이다. 성공한 사람은 성공이 요구하는 바를 자신에게 다그칠 줄 아는 능력을 습득한다. 그 의지력으로 실패자들이 하기 싫어하는 일, 실패자들이 스스로에게 강요하지 못하는 일들을 한다.

〉〉〉 의지력이 사람을 만든다

솔직히 나를 포함해서 대부분의 사람들이 자신의 능력을 좀 더 발휘하지 못하는 이유는, 자신에게 엄격하고 단호하고 고집스럽지 못하기 때문이다. 헛되이 시간을 낭비하고, 사소한 일에 당황하고, 우유부단하게 머뭇거리면서 자신의 응석을 다 받아 주기 때문이다. 가장 필수적이고 중요한 것을 뒤로 미뤄 두고 말이다. 다음으로 미루고 책임을 회피하며 부주의한 실수에 핑계를 대는 식으로 우리는 자신에게 대단히 관대했다. TV나 라디오, 다른 당장의 즐거움에 유혹당하여 우리를 위한 최선의 이익에 대해서는 소홀히 취급했다.

우리 자신을 아무것도 아닌 존재에서 벗어나게 하려면, 과정이 필요하다. 그 과정 중에서도 의지력, 극기, 자기 훈련을 대체할 만한 것은 없다. 재능, 천재성, 배움 따위는 의지력에 비할 바가 아니다. 이 세상에 태어나 살면서 여러 가지 투쟁을 겪을 수밖에 없고 겪어야 하지만, 무엇보다 필사적으로 투쟁해야 할 대상은 바로 우리의 정신력과 의지력이다. 그곳에 힘이 있다. 인간을 거인으로 만드는 것이 바로 의지력이다.

세상과 자연은 공평하다, 하지만 완고하고 엄격하고 강하다. 우리의 힘으로 이겨낼 수가 없다. 자연의 힘을 거스르려 하지 말라. 그래봤자 우리만 손해 볼 뿐이다. 그에 응당한 대가를 치러야 할 테니까. 자연은 우리의 존재 없이도 40억 년을 버텨 왔다. 그 자연의 섭리에 명령을 내리려면 우리가 우선 복종해야 한다. 자연은 우리의 상처를 보듬어 주거나 사소한 불평불만에 귀 기울여 줄 시간이 없다. 자신의 뜻대로 움직여 나간다. 하지만 우리가 자연과 합류하면 만사는 순조롭게 풀리게 된다.

그러므로 새롭게 시작하자. 과거의 실수들은 잊어버리자. 당신의 가장 큰 자산은 앞으로 남은 세월이다. 그 시간을 이용하여 당신이 될 수 있는 모습, 진짜 당신, 위대한 당신을 부여잡아라. 당신의 몸부터 시작하라. 건강하게 만들어라. 병들거나 축 늘어진 몸으로 전진하려는 것은 바람 빠진 타이어를 달고 속력을 내려는 자동차와 같다. 나약해지지 말 것이며 건강 검진도 두려워하지 말라. 병든 몸은 덜커덩대는 자동차와 같다. 당신을 망가뜨릴 수도 있다. 그러니 건강을 유지하라.

우리에게 가장 필요한 것은 대학 졸업장이나 지식이나 정보가 아니라, 더 많은 훈련과 더 많은 의지력과 더 많은 자기 절제다. 과거의 위대하고 현명한 사람들도 익히 그러한 진리를 알려 주었다.

J. P. 모건 Morgan, 은행가
"돈의 지배자가 되려면 우선 자기 자신의 지배자가 되어야 한다."

니콜라스 머리 버틀러 Nicholas Murry Butler, 콜롬비아 대학 총장
"의지력 1온스는 배움의 1파운드 가치가 있다."

드와이트 무디 Dwight Moody, 부흥사
"진정한 의지력과 용기는 전쟁터에서 나타나는 것이 아니라, 우리의 타성, 게으름, 권태를 매일매일 극복하는 데서 나타난다."

러셀 콘웰 Russell Conwell
"고된 작업이 없는 것은 가치가 없다. 위대한 일들 10가지 중에서 9가지는 단조롭고 고된 작업이 수반되어야 한다. 에디슨은 그것을 99%의 노력이라고 표현했다. 천재성과 재능으로 위대한 프로젝트를 시작할 수는 있을지라도, 지루하고 고된 작업이 있어야 그 일을 마무리 지을 수 있다."

소크라테스
"세상에는 단 한 가지 철학밖에 없다. 그것은 불굴의 정신, 극기이다."

베이컨 Bacon

"너무나 많은 사람들이 가장 중요한 것만을 빼고 다른 모든 재능을 개발하려 든다. 진정으로 중요한 것은 그들의 재능을 사용할 수 있는 능력, 바로 의지력을 개발하는 일이다."

에머슨 Emerson

"아침에 깨어날 때 하기 싫든 좋든 해야 할 일이 있음에 대하여 신께 감사하라. 이것이 성격을 만든다."

엘리엇 Eliot, 하버드 대학 총장

"모든 교육의 끝은 학식이 아니라 자기 훈련이다."

오리슨 스웨트 마든 Orison Swett Marden, 1980년대 작가, 〈성공〉 잡지의 편집자

"성공에는 열 개 이상의 요소들이 필요하다, 하지만 그 모든 것을 확립해 주는 도구는 의지력이다."

월터 크라이슬러 Walter Chrysler

"우리는 우리의 관심을 끌어당기려는 수십 가지 중에서 한두 가지만 선택해야 한다. 다른 여러 곳에 에너지를 분산시키지 말고, 그 한두 가지를 끝까지 추구해야 한다."

"당신이 진심으로 성공하고자 한다면, 자기 훈련을 두 번째 사랑으로, 목표설정을 첫 번째 사랑으로 삼아라."

헉슬리 Huxley

"가장 유익한 교육은 마음이 내키던 내키지 않던, 해야 할 일을 해야 할 시간까지 해내기 위해 자신을 훈련시키는 것이다. 이것이 인생에 있어 전반부에 배워야 하지만, 대개는 가장 마지막에 배우게 된다."

토마스 벅스톤 Thomas Buxton

"사는 기간이 길어질수록, 나는 점점 더 확신하게 된다. 성공과 실패의 차이, 강함과 약함의 차이, 부와 가난의 차이, 위대함과 평범함의 차이를 만드는 것은 불굴의 의지력, 결단력, 죽기 아니면 살기로 매진하는 목표다. 세련된 매너나 교육, 명석함이나 재능 등 그 어떤 것도 그것이 없으면 두발 달린 짐승을 인간으로 만들 수 없다."

프랭크 크레인 Frank Crane

"힘들다, 고통스럽다는 이유로 아무 것도 하지 않는 사람은 아무 것도 이룰 수 없다. 세상일의 반은 하기 싫은 일을 해내는 사람들이 만들어 낸다."

운동선수들은 매일 체력훈련을 하고, 식사를 조절하고, 흡연이나 음주와 같은 좋지 않은 습관들을 신중하게 관리한다. 결혼을 앞둔 남자도 빈둥빈둥 시간을 낭비하지 않고, 식당 여종업원에게 수작을 걸지도 않고, 돈을 절약하면서 단 한 가지 — 자제력 기르기 — 에만 정신을 쏟는다.

당신도 운동선수와 결혼을 앞둔 남자처럼 행동하라. 자신에게 엄격하고 단호하고 끈질겨져야 한다. 당신의 위대한 자아를 지배하고 있는 저급한 본능에게 당신의 진짜 모습을 보여 주어라. 버섯으로 만족하지 말고, 참나무가 되기를 간절히 원하라.

그저 '난 성공할 거야, 난 부자가 될 거야' 라고 되뇌며 앉아 있는 것은 버섯과 같은 방법이다. 튼튼한 참나무의 방식은 연습, 훈련, 행동이 함께 있다. 세상의 다른 것들처럼 정신적인 성장도 자연의 법칙에 지배를 받는다. 노력 없이 얻어지는 것은 없다. 미리 준비하지 않고서는 억지로 받아 낼 수 없다.

하루하루의 작은 성장이 내일의 성장을 준비한다. 강제로 성장 시키려는 것은 사다리 맨 밑에서 3미터 높이의 꼭대기까지 한걸음에 올라가려는 것과 같다. 그런 일은 가능하지가 않다. 우리는 자연의 법칙을 깨뜨릴 수 없다. 하지만 우리 자신을 깨뜨릴 수는 있다. 그렇다, 연습과 훈련은 힘들다. 하지만 단 6주 만 견디면 된다. 그 훈련은 금세 흥미로운 게임으로 변할 것이며, 당신이 해본 것 중에서 가장 이득이 많이 남는 게임이 될 것이다. 당신은 이루어 낼 것이다. 세상이 당신의 것이 될 것이다.

내가 10년 동안 의지력 훈련의 초고속 방법을 찾아내려고 수많은 실험과 시도를 거쳐 왔지만, 결국에는 윌리엄 제임스의 방식으로 되돌아갈 수밖에 없었다.

"당신이 하기 싫은 어떤 일을 매일매일 하라. 그것은 미래의 시련이나 포기에 대해 미리 들어 놓는 의지력의 보험이다. 이것이 인생에서 승리하기 위해 우리가 사용해야 할 방법이다."

자신을 강요하라, 자신을 다그쳐라, 하고 싶지 않은 그 일을 매일매일 실행할 수 있도록 자신을 만들어라. 자신에게 모질게 굴어라. 당신이 하기 싫은 한 가지 일을 골라서 하늘이 무너지더라도 그 일을 끝내라. 다음 주에는 또 다른 일을 선택하라. 아니면 똑같은 일을 반복해도 좋다. 일주일에 한 가지씩, 남은 평생 동안 새로운 일을 고르거나 반복해서 그 일을 하라. 그렇다, 그것은 힘든 일이다. 하지만 약해 빠진 의지력으로 성공하려 애쓰다가 계속 좌절하는 것에 비하면 이 정도 고생은 고생이라 부를 수도 없다.

인생이란 어차피 쉬운 게 아니다. 인생과 성공은 결코 말랑말랑하지가 않다. 성공은 참나무처럼 성장한 사람들을 위한 것이다. 그런 사람이 되기로 마음먹자. 결심을 하고 그 일을 끝내라. 진지하게 결심해야 한다. 그럼 6주가 지나기 전에 그것은 습관으로 바뀔 것이다.

인생은 투쟁이며, 투쟁은 당신에게 유익하다. 그것이 성격을 만든다. 의지력, 용기, 창의력, 끈기, 열망, 계획, 결단력, 자신감, 지성 ─ 승리하는 사람들의 특징 ─ 을 만들어 낸다.

내가 시작한 일은 내가 끝낼 수 있다는 마음가짐. 그것이 다른 어떤 방법보다 더 빠르게 자신감을 길러 줄 수 있다.

절대, 절대로, 다급하게 성장을 강요하려 하지 말라. 그것은 실패의 지름길이다. 강제적으로 이루어지는 성장은 단연코 하나도 없다. 그리고 절대, 절대로 피해서 돌아가지도 말라. 프로그램 1부터 11까지 차근차근 지켜 나가라. 최종 결과를 보게 되면 체계적으로 노력한 것이 진심으로 기뻐질 것이다.

> 1주 : 일주일 동안 매일매일 다른 사람에게 칭찬할 만 한 점을 찾아서 그를 칭찬하라. 억지로라도 그렇게 하라. 당신의 기분도 좋아질 것이다.

2주 : 텔레비전 시청 시간을 1시간으로 제한하고 남는 시간에 운동을 하라. 축구 경기 10시간 보는 것보다 10분 동안 하는 운동이 당신에게 훨씬 유익하다.

3주 : 체중이 많이 나가는 편이라면 일주일 동안 식사를 조절하라. 마른 사람이라면, 하루에 30분씩 자서전을 읽어라. 대부분의 성공한 사람들도 그렇게 했다.

4주 : 술을 마시거나 담배를 피우는 사람이라면 일주일 동안 그 양을 반으로 줄여라. 커피나 콜라를 즐기는 사람이라면 그 양도 반으로 줄여라.

5주 : 매일 불필요한 것 하나를 사지 말고 그 돈을 저축하라. 저축은 의지력과 다른 성격적인 장점들을 개발하는 매우 효과적인 훈련이다.

6주 : 매일 30분을 할애하여, 당신의 직업이나 사업 부분에서 개선해야 할 점을 생각해 보라. 30분은 당신의 시간에서 겨우 2%에 불과하다. 그 시간이 당신에게 강한 의지력을 길러 줄 수 있으며 나아가 소득을 늘려 줄 수도 있다. 성공한 사람들은 항상 어떤 식으로든 공부하거나 자신을 개발했다.

7주 : 텔레비전 시청 시간을 일주일에 한 시간으로 제한하고 남는 시간에 자서전을 읽어라. 대부분의 위대한 사람들은 자신보다 앞서 살았던 위인들에게 영감을 받았다.

8주 : 평소에 무시했던 사람들에게 먼저 말을 걸어라. 남을 먼저 배려하면 상대방도 당신을 먼저 배려할 것이다.

9주 : 지난 몇 주일간 혹은 지난 몇 달간, 어떤 일들을 미뤄 왔는지 생각해 보라. 자신이 하기로 결정했던 편지나 전화나 계획이 어떻게 진행되고 있는지 점검하라.

10주 : 하루에 30분씩 책을 읽어라. 재미는 없지만 유익한 책을 선택하라.

11주 : 하루에 30분씩 '어떻게 해야 나의 직업이나 일을 개선시킬 수 있을까?' 에 대하여 글을 써 보라. 글을 쓰면 아이디어가 떠오른다. 포드가 V-8 엔진을 개발했던 것도 그 방법을 사용한 덕분이었다. 기술자들에게 V-8 엔진을 만들기 위해 나는 제일 먼저 무엇을 해야 할까? 라는 제목의 보고서를 작성하라고 한 결과 그가 바라던 엔진이 개발되었다. 그것은 글을 통해서 탄생했다. 글이 아이디어를 발굴했다.

12주 : 하루에 30분씩 당신의 미래에 대해서 생각하라. 자신에게 물어 보라. 내가 앞으로 끝내고자 하는 그 일을 위하여 내가 오늘 소홀히 하고 있는 점은 무엇인가?

13주 : 이번 주에는 앞으로 3개월간 지켜 나갈 일을 13개 선택해서 글로 적어라. 가장 재미있는 프로그램을 할 때 텔레비전 끄기, 30분 일찍 일어나서 자서전을 읽기, 하루에 1시간씩 산책하기 등 지금까지 해왔던 것보다 좀 더 난이도를 높여 일을 선택하라.

당신의 몸과 마찬가지로, 당신의 의지력도 남은 평생 동안 매일의 훈련을 필요로 한다. 신체적인 움직임이 없으면 몸이 무기력해진다. 의지력도 마찬가지이다. 의지력의 건강을 꾸준히 유지하라. 최상의 방법은 "매일매일 자신이 하기 싫다고 느끼는 일을 한 가지씩 하는 것"이다. 의지력이 사람을 만든다. 의지력이 거인을 만든다.

이 훈련을 3개월간 시속하면 인생의 승리를 향하여 커다란 걸음을 떼어놓은 것이나 같다. 1년 동안 연습하면 위대함을 향하여 커다란 걸음을 떼어놓는 것이 될 것이다.

● ● ●

프로그램 8에서는 긍정적인 태도의 가치를 배우고, 보다 중요하게, 그 긍정적인 관점을 만들기 위한 방법들을 배우게 될 것이다. 최고의 순간을 영원하게 이어갈 수 있는 방법이다.

긍정적인 사고와 긍정적인 태도의 기본을 가르쳐 준다. 그것이 인생을 흥미로운 게임으로 만들어 준다.

program 8

최고의 순간을 영원히

위대한 사상가, 철학자, 교육자와 종교 지도자들은 오래 전부터 이렇게 주장해 왔다.

>>> 생각이 인생을 만든다

당신의 생각이 당신의 인생을 지배한다. 하지만 그 생각을 지배하는 것은 당신이다. 생각하는 것은 당신의 자유다. 당신의 선택에 따라서 성공하는 생각_{긍정적인 생각}을 할 수도 있고, 실패하는 생각_{부정적인 생각}을 할 수도 있다.

헨리 포드

"당신이 성공할 것이라 생각하든, 실패할 것이라 생각하든, 그 생각은 옳다."

에머슨

"모든 생각은 그것을 행동으로 변화시키는 경향이 있다."

윌리엄 제임스

"역동적인 생각이나 믿음은 역동적인 현실을 창조한다."

이것이 극소수를 제외하고 누구에게나 통용되는 진리다. 그런데 사람들은 빠른 결과물을 원한다. 긍정적인 사고로 인생을 개혁할 수 있다 해도, 그 단계를 밟는 것이 오랜 시간, 보통 몇 년씩 걸리기 십상이다.

다행히, 긍정적인 사고보다 더 빠른 길이 있다. 행동, 실천, 연습, 훈련이라는 방법이다. 20년 동안의 긍정적인 사고보다 30분의 실천으로 정신적·육체적 힘과 기술을 더 많이 개발할 수 있다. 20년 동안 음악이나 체육을 긍정적으로 생각하여 음악의 거장이나 올림픽 챔피언이 된 사람은 없다. 연습을 함께 병행하지 않는 한, 절대적으로 불가능하다. 성경에서도 "실천 없는 믿음은 죽은 것이다.〈야고보서 2:26〉"고 말한 바 있다.

하지만 무엇보다도 실천과 긍정적인 사고가 결합되었을 때, 가장 빠른 결과를 도출해 낼 수 있다. 그것이 이 프로그램에서 제시하는 방법이다.

성공을 위한 방법에는 여러 가지가 있다. 긍정적인 생각, 확신, 자기암시, 명상, 기타 심리학적인 도구들……. 나는 이런 도구들을 존중한다. 각 분야에서도 패배자를 승리자로 변모시키기 위해 이러한 방법들을 사용하고 있다. 이 방법들은 모두 도움이 된다.

그것들은 우리에게 행동해야 하는 동기를 부여한다. 게으른 뇌세포들을 두들겨 깨워서 현실적인 방안들을 생각하도록 한다. 다각도에서 검토해 보라고 내부에서부터 우리를 다그치고, 목표에서 빗나가려 할 때 원래의 자리로 돌아가라고 우리를 잡아당긴다. 낙담해 있을 때는 계속하라고 용기를 북돋우고, 장애물을 만날 때도 극복해 나갈 방법을 찾으려고 움직인다.

이렇듯, 이 모든 심리학적인 도구들이 우리에게 도움을 준다. 하지만 실제로 능력이 개발되려면 행동, 실천, 연습이 있어야 한다. 근육, 정신력, 혹은 어떤 기술을 개발하고자 하든, 진짜 개발 코치는 행동, 훈련이다. 행동만이 그 일들을 끝까지 마무리 지을 수 있다. 행동만이 거대한 산을 움직일 수 있는 것이다.

남자만으로는 사회를 이룰 수 없다. 여자만으로도 안 된다. 두 성이 합쳐져야 가족이라는 사회의 기본 단위가 형성된다. 이와 마찬가지로, 긍정적인 생각과 행동도 개별적으로는 제한이 있을 수밖에 없다. 둘이 하나로 합쳐져야만 기적을 이루어 낼 것이고, 당신의 인생에 빠른 혁신을 가져올 수 있다.

긍정적인 사고와 긍정적인 태도가 최고 순간을 영원히 유지해 주는 비결이다.

>>> 강한 결의가 있어야 한다

우리의 최고의 순간을 영원토록 만들 수 있다면 어떻게 될까? 우리는 얼마나 위대한 존재가 될까? 얼마나 위대한 일들을 해낼 수 있겠는가. 하지만 정신은 강하되 육체가 약하기 때문에 우리의 결의는 차츰 희미해진다. 그 일을 하기가 편해질 때까지 기다리다가 결의마저 영원히 사라지고 만다.

왜 그럴까? 인간의 정신이 왜 그렇게 사그라지는지 우리는 알지 못한다. 하지만 그걸 치유하는 방법은 알고 있다. 아무리 강한 결심이라 해도 한계가 있기 마련이다. 지속되는 시기도 한계가 있다. 하지만 천만 다행으로, 그 결의를 새롭게 다질 수 있는 횟수에는 아무런 구속도, 제한도 없다.

>>> 아는 것보다 되새김이 더 필요하다

육신의 건강을 위해서 매일 영양분을 공급해 주어야 하듯, 정신력과 의지력을 최고의 상태로 유지하기 위해서도 매일 정신적인 양분을 제공해야 한다. 1년에 한 번, 4분기마다 한 번 혹은 한 달에 한번이나 일주일에 한 번씩이 아니다. 매일매일 되새김질을 해 주어야 한다.

우리의 성공은 최고의 순간을 영원히 지속시키는 데 달려 있다. 즉, 낙관적인 태도를 유지하는 데 달려 있다. 그 목표를 위해서 가장 효과적인 것이 자기 암시 ─ 자신에게 말하는 것 ─ 방법이다.

>>> 자기 암시에는 확신이 있다

강력한 성공 도우미를 무시하지 말라. 그것은 바로 자기 암시이다. 이것은 우리에게 자신감과 용기와 낙관적인 태도를 개발해 주고, 우리를 패배자에서 승리자로 — 가끔은 거의 즉각적으로 — 바꾸어 주는 역동적인 도구다.

자기 암시는 무의식에 영향을 미친다. 무궁무진한 힘을 지닌 곳, 모든 힘이 존재하고 불가능이란 존재하지 않는 그곳에 영향력을 미칠 수 있다.

쿠에 Emile Coue, 프랑스의 심리요법 학자
"나는 매일, 모든 면에서 점점 나아지고 있다."

성경
"약한 자들이 '나는 강하다'고 말하게 하라" 요엘 3:10

"나는 그 일을 하겠다고 나의 신에게 맹세했다.""나는 원하는 사람이 될 수 있고, 원하는 것을 소유할 수 있고, 원하는 일을 할 수 있다." 이 대담한 확신에는 대단한 힘이 도사리고 있다. 자신이 그 일을 할 수 있다고 확신하며 크게 말한 사람들이 역사상의 위대한 일들을 이끌어 냈다.

자신에게 매일 혼자 있더라도 큰 소리로 "나는 강하다, 나는 건강하다, 나는 행운아다, 나는 자신 있다, 나는 용감하다."고 말하라.

겁쟁이를 영웅으로 만드는데 이보다 더 확실한 방법은 없다. "나

는 대담하다, 나는 강하다, 나는 활력이 넘친다." 그 주장의 강렬함이 추진력을 낳는다 ― 무의식으로 뚫고 들어간다. 더 강렬하고 더 깊이 있게 관통해 들어갈수록 효력의 지속시간은 더 길어진다.

"우울하고 낙담될 때, '나는 강하다, 행복하다, 즐겁다' 라고 말하는 게 정말 도움이 될까요?" 나는 이런 질문을 많이 받는다. 그렇다, 당연히 도움이 된다. 이유가 무엇일까?

당신이 자신에게 긍정적인 생각을 강요함으로써 부정적인 생각을 축출해 내고 있기 때문이다. 두 가지 상반된 생각을 한꺼번에 지닐 수는 없는 일이다. 우리의 생각이 우리의 태도와 감정을 조절한다. 생각을 바꾸면 감정도 바뀌게 된다. "약한 자들이 '나는 강하다' 고 말하게 하라."고 성경에서도 강조하고 있는 것이 같은 맥락에서다.

머릿속에 긍정적인 생각을 가득 채워라, 그럼 부정적인 생각이 비집고 들어올 자리가 없어진다. 그것이 바로 매일 자기 암시를 주는 목적이다.

소리 없는 생각보다 크게 말하는 목소리의 힘이 더 강력하다. 입으로 내뱉어서 귀로 파고드는 소리가 정신세계에 깊은 낙인을 찍으며 무의식 속으로 더 깊이 도달한다. 더 오랫동안 기억에 남기 때문에 더 강한 영향력을 미치게 된다. 글로 쓴 목표가 소리 없는 생각보다 더 강한 충격 효과를 지닌 것과 마찬가지다.

소리 없는 생각은 늘 같은 자리에서 맴돌 뿐이기 때문에, 우리에게 강한 인상을 심어 주지 못하고 효과를 발휘하지도 못한다.

강하고 지속적으로 당신이 원하는 그 일을 할 수 있다고, 될 수 있다고, 소유할 수 있다고 자신에게 말하라. "난 성공할 거야." 라고 말하지 말라. "난 지금 성공했어." 라고 말하라. 당신은 신의 형상대로 만들어진 이 광대한 우주의 일부다. 자연에 있는 신비들을 무엇이든 이용할 권리가 있다.

지금껏 알지 못했던 힘을 불러낼 수 있다고, 자신에게 말하라. 그 힘들은 숨어서 잠들어 있었던 것뿐, 언제나 그 자리에 있었다. 스스로에게 하는 말이 그 힘들을 찾아서 깨워 낼 수 있다.

내부에 있는 그 위대한 힘을 한번 경험하고 나면, 결코 반쪽짜리 인생에 만족할 수 없을 것이다. 작은 문제이든 큰 문제이든, 자신에게 용감하게 말함으로써 해결할 수 없는 문제는 없다. 하지만 결코 부정적으로 단정 짓지 말라. "난 약하지 않아." 라고 말하지 말라. "난 강하다." 라고 말하라.

자기 암시는 우리의 보다 높은 자아에 대한 호소, 내면의 신에 대한 호소이다.

우리가 경제적으로 혹은 정신적으로 낮은 위치에 떨어져 있을 때라도, 언제든지 우리는 그 힘을 나의 것으로 주장할 수 있다. 하지만 소심하게 주장하지 말고, 용감하게 주장해야 한다. 우리가 신의 귀한 보물 중의 하나이며 이 모든 풍요와 힘의 상속권자라는 것을 깨달아야 한다.

진심으로 간절히 원하는 마음은 깊은 무의식 세계로 스며들어 소망하는 바를 끌어내는 경향이 있다. 자기 암시는 의식이 활동하지 않을 때가 가장 효과적이다.

의식이 무의식에 간섭하지 않을 때, 우리의 암시를 무의식적으로 받아들일 수 있는 때가 되어야 하는데, 저녁에 잠들기 직전과 아침에 완전하게 깨어나기 직전이 최적의 시기다.

이 두 시간대를 잘 이용하라. 잠들기 직전에 자기 암시를 반복하라. 그리고 당신이 하고자 하는 것, 되고자 하는 것, 소유하고자 하는 것을 이미 당신의 것인 양 또렷하게 상상해 보라.

심란하고 걱정스러운 상태라도, 마음을 가라앉히고 깊이 생각하는 시간을 가져라. 우리의 정신은 잠자고 있는 동안에도 활발하게 활동을 한다. 잠들기 전의 생각들이 정신에 지배적인 영향을 미치게 된다.

매일매일 몸을 씻어 주어야 하듯, 정신적으로도 목욕이 필요하다. 잠들기 전에 기대감과 희망으로 마음을 가득 채워라. 당신이 되고 싶은 이상적이고 완벽한 모습을 상상하라. 평화로운 마음은 당신의 수명도 연장시켜 줄 수 있다.

우리가 원하는 인생을 개척하기 위해서 무의식이라는 위대한 컴퓨터를 활용하자. 우리의 무의식은 깨어 있을 때와 마찬가지로 잠들어 있을 때에도 활동을 한다. 이 내면의 컴퓨터를 활용해서 당신이 원하는 존재, 하고 싶은 행동을 이끌어 내라. 에디슨이나 뉴턴 같은 위대한 과학자들도 이 무의식의 활용법을 익히 알고 있었다.

즉각적인 결과를 얻지 못하더라도 실망하지 말라. 당신의 현재 상태는 하룻밤 사이에 이루어진 것이 아니다. 수년간의 생각과 행동과 활동으로 이루어졌다. 그러므로 끈기를 가져야 경이로운 효과를 체험할 수 있을 것이다.

월트 휘트만Walt Whitman, 미국의 시인은 이렇게 확신했다. "나에게는 나 자신이 커다란 재산이다. 나는 운이 좋다. 나는 이 우주의 위대한 자원들을 활용할 수 있다. 그것들은 나를 위하여 존재한다. 그것은 모두 나의 것이다."

우리는 감정을 다스릴 수 있다. 되고자 하는 모습이 될 수 있다. 현재의 상태가 어떻든, 자기 암시로 기분을 변화시킬 수 있다. 자기 암시를 통해서, 부정적인 생각을 몰아내고 긍정적인 생각들을 유지할 수 있다.

우리는 우리 자신이 만든 산물이다. 우리가 하찮은 벌레 같은 존재라면 우리 자신이 그렇게 만든 것이다. 생각과 말과 선택과 행동으로 우리가 자신을 벌레로 만들었다. 신이 우리를 창조했다 해도, 지금의 우리를 만든 장본인은 우리 자신이다.

생각과 태도와 감정과 기분은 뿌린 대로 거두는 씨앗이다. 나쁜 씨를 뿌리면 나쁜 결과가 있을 것이고, 좋은 씨를 뿌리면 좋은 결과가 있을 것이다. 자신을 신의 일부로 믿든지, 아니면 원죄의 희생양이며 영원한 지옥에 떨어져야 마땅하다고 믿든지, 그 믿음이 우리를 결정할 것이다.

우리가 생각으로만 자기 암시를 하는 것보다 밖으로 크게 말하는 자기 암시가 훨씬 커다란 효과를 발휘한다. 종이에 적어 놓는 방법과 거의 맞먹는다고 할 수도 있다.

하루에 한 번씩 단호하게 입 밖으로 내뱉어라. "나는 힘이 있다, 나는 용감하다, 나는 건강하다, 나는 강하다, 나는 무적이다, 나는 부족함이 없다, 나에게는 모든 것이 있다, 난, 필요한 것을 모두 가졌다."

"잘만 된다면, 행운이 따라 준다면" 이런 식으로 말하지 말라. 그것은 부정적이면서 회의적인 이미지를 형성하게 되고 확신이 없음을 의미한다. 그리고 "언젠가 그렇게 될 것이다."라고 말하지도 말라. "나는 지금 성공했다."고 말하라.

"지금"이라는 말로 생생한 현실성을 부여해야 그 현실을 끌어당기는 힘이 생긴다. 어떤 일에 진심으로 매달리는 사람은 "노력해 보겠다."라고 말하지 않는다. 그는 긍정적으로 단언한다. "나는 강하다, 나는 성공한다, 나는 부자다, 나는 용감하다, 나는 자신 있다, 나는 행복하다." 라고 말한다. 당신도 흔들림 없이 자신을 믿어야 한다. 그 강한 믿음이 제임스와 에머슨이 우리에게 강조했던 것처럼, 실제적인 현실을 창조한다.

〉〉〉 위대한 지도자의 방법

매일 아침마다 수천 명의 성공한 사장이나 판매원이나 연설가들이 거울 앞에서 하루를 최고의 상태로 유지하기 위해 자신을 격려한다. 이런 격려의 효과가 오래 지속되지 않는다는 점을 알기 때문에, 그들은 한번이 아니라 하루에 두 번씩 그 과정을 되풀이한다. 하루를 게을리 하면 결과가 그들의 게으름을 곧바로 지적해 준다.

당신도 이런 성공한 군단에 소속될 수 있다. 적어도 하루에 한번씩 — 두 번이면 더 좋다, 아침저녁으로 — 자신에게 큰 소리로 말해 보라. 당신에게 강한 영향력을 미치는 것으로, 당신을 일깨우고 나아가서 불가능한 일까지 해내고 싶게 만드는 것으로 선택하라. 그 내용을 강하고 열렬한 문장으로 적어라. 조금쯤 과장해도 좋다.

그것들을 현재 시제로 적어라. 이미 당신이 원하는 것을 손에 넣은 것처럼. 그리고 그 말을 입 밖으로 내뱉으면서 그것이 이루어지는 장면을 또렷하게 상상하라. 몇 초 동안 그 장면을 상상하라.

당신이 자신만의 자기 암시 목록을 만들 때까지, 우선 나의 제자들이 가장 선호했던 문장들을 제시하고자 한다.

>>> 나는 확신한다

나는 위대하다, 행복하다, 나는 성공한다, 잘 된다, 나는 부자다, 나는 무한한 에너지를 지니고 있다. 신선한 공기, 편안한 잠, 건강한 음식, 규칙적인 운동, 위대한 생각, 고상한 열망, 친절한 행동, 선의, 인생의 가치 있는 목표. 이 모든 것들이 나를 행복하고 열성적이고 성공적으로 유지시켜 준다.

나는 모든 일을 제때에 할 것이다. 미루지 않을 것이다.
인생의 시계가 단 한 번밖에 감기지 않으며,
그 시계 바늘이 멈추는 시기를 알지 못하기 때문에.
나는 오늘 의지력으로 해야 할 그 일을 할 것이다.
내일까지 기다리지 않을 것이다.
그때는 나의 손이 움직이지 않을 수도 있으므로.
〈휘티어Whittier, 미국의 시인〉

오늘을 헛되이 잃어버리면, 내일 또한 똑같아지리라.

다음날은 더 공허하리라.
우유부단함은 지연으로 이어지고, 하루하루가 잃어버린 날들을
애도하며 사라지리라.
그대는 성실한가. 지금 그대가 할 수 있는 일을 하라.
생각할 수 있는 그것을 시작하라.
시작은 천재이니, 힘과 마력을 지녔어라.
한 걸음을 내딛으면 영혼이 뜨거워진다, 시작하라.
그럼 그 일을 완성하리라.
언제나 가장 어려운 일은 시작이니,
시작은 반을 행한 것보다 나으리라.

〈괴테〉

나는 오늘을 환영한다, 그것이 생명, 인생의 정수이니.
그 짧은 시간 속에 내 존재의 모든 가능성이 놓여 있구나.
성장의 축복, 행복의 영광, 모험의 찬란함까지.
어제는 꿈일 뿐이었고, 내일은 상상일 뿐이나
제대로 산 오늘은, 모든 어제를 행복의 꿈으로 만든다.
모든 내일을 기쁨과 희망의 상상으로 만든다.
그러므로 이 날을 잘 보아라.

〈산스크리트Sanskrit〉

* 나는 빠르고 정확하다. 한번 보기만 해도 중요한 것을 모두 알
아낸다.

* 나는 항상 더 빠르고 더 낫고 더 저렴하고 더 쉬운 방법을 찾아낸다.

* 나는 매일 30분씩 위인들의 이야기를 접한다. 그 내용이 항상 나에게 유익함을 알리기 때문이다.

* 나는 공부를 중단하지 않는다. 배움이 있어야 나의 인생이 완성될 수 있기 때문이다.

* 나는 위대함을 느낀다. 나는 낙천주의자다. 나는 물병의 반이 비어있다고 생각지 않고 반이 차 있다고 생각한다. 내 인생의 일들은 95%가 잘 되고, 5%가 잘못된다. 나는 95%의 잘된 일만 생각하고, 5%의 잘못된 일에는 눈과 마음을 닫아 둔다.

* 내가 어떤 일을 할 때는 의지력으로 정신을 집중한다. 작은 능력으로 노력하는 사람이, 큰 능력으로 노력하지 않는 사람보다 승리한다는 것을 나는 알고 있다.

* 나는 언제나 돈 버는 일을 한다. 일하지 않는 삶은 즐기지 못하는 삶이다. 노는 것이 일하는 것보다 더 힘들다.

* 나는 해야 할 일을 당장 한다. 힘든 일을 미루면 나중에 상대방으로부터 더 힘들어지기 때문이다.

* 나는 일을 끝까지 완수한다. 꾸물거리지 않고 빈둥거리지 않고 헤매지 않고 시간을 낭비하지 않는다. 나는 열 일 제쳐놓고 중요한 일들만 한다. 시시한 일은 하지 않는다.

* 나는 나의 생각을 잘 조절한다. 나의 생각이 말이나 행동으로 이어질 수 있기 때문에 언제나 즐거운 일들만 생각한다.

* 나는 역동적으로 나에게 동기를 부여한다. 기분이 날 때까지 기다리지 않는다. 내가 나의 정신을 움직이고 나의 기분을 창출한다. 그 방법은 시작으로, 행동으로. 영감은 행동을 유발하지 못한다. 행동이 영감을 유발한다. 내가 스스로 부여하는 동기 유발이 지속적으로 이어질 수 있다. 외부적인 동기 유발은 외부 요소가 사라지면 금세 사라진다.

* 나는 매일매일 모든 면에서 점점 나아지고 있다. 건강, 경제력, 행복, 지식 모두 다 나아지고 있다. 사람이 완벽해질 수는 없지만 개선될 수는 있다.

* 나는 행운을 끌어당기는 자석이다. 행운이 좋아하는 것을 잘 알고 있다. 올바른 판단력과 창의력, 기회를 알아보는 머리와 기회를 움켜잡는 용기, 효율성과 대담성……. 내가 더 열심히 더 똑똑하게 노력할수록 더 많은 행운이 나에게 찾아온다.

* 나는 억지로라도 매일 웃는다. 웃지 않는 날은 가장 많이 낭비하며 보낸 날이다. 웃음은 최고의 운동이고, 가장 저렴한 약이고, 가장 싼 여행이고, 가장 싼 영양제다. 웃음은 피를 골고루 섞어 주고, 가슴을 운동시키고, 신경을 자극하고 두려움을 쫓아내고, 궤양을 예방하고, 우울증을 치료하고, 낯선 사람들의 긴장을 풀어 주고, 친구를 사귀고, 정화 작용을 한다.

* 나는 강한 의지력을 지녔다. 매일 내가 하기 싫은 유익할 일을 적어도 하나씩 한다. 그 행동이 나의 의지력을 키워 주어, 장애물이나 힘든 일이 생길 때 나를 지탱해 준다. 의지력은 성공의 모든 습관들을 형성해 주는 기본도구다.

* 나는 아침마다 좋든 싫든 내가 해야 할 일이 있음을 깨달으며 신에게 감사한다. 부자는 가난한 사람들이 하기 싫어하는 일을 하도록 자신을 만든다. 이것이 의지력과 성격과 재산을 만든다.

* 나는 백만장자이다. 아니, 억만장자이다. 10억 달러를 준다 해도 팔지 않을 눈과 손과 발이 있기 때문이다. 나는 부자다, 나의 능력에 감사할 줄 아는 능력이 있기 때문이나. 나에게는 축복을 불러내는 일도 쉬운 일이다. 그것에 감사하면 축복이 계속 불어난다.

* 나는 언제나 스케줄에 따라 일한다. 아는 것보다 자각하는 것이 더 필요함을 알기 때문이다. 나에게는 매일 해야 할 일들을 촉구하는 비서가 있다. '꼭 해야 할 일'의 목록, 하루의 열정을 불어넣는 확신, 나의 목표가 그것이다. 빠른 발전과 최고의 성공을 위해서는 이것이 절대적으로 필요하다.

* 나는 잘 웃는다. 내가 지니고 있는 것들 중에서 가장 중요한 것은 미소와 유머감각이다. 내 삶의 가장 큰 상급은 유쾌한 성격이다.

* 나는 매일 나 자신에게 "이것이 시간과 돈을 낭비하는 일인가?"를 질문한다. 발전 속도를 두 배로 높이려면 필요치 않은 일들을 중단하고, 꼭 필요한 일에만 매달려야 한다. 중요한 일을 가장 먼저 해야 한다.

* 나는 시작한 일을 꼭 끝낸다. 목표를 잃어버리면 장애물들이 성가시게 내 앞을 가로막기 때문이다. 무슨 일이 있어도 나는 나의 목표를 물고 늘어진다.

* 나는 만나는 사람들을 모두 다 좋아한다. 어려운 일도 아니다. 내가 만나는 사람에게서 두 가지 좋은 점을 찾아내고 그의 결점에는 눈과 마음을 닫아 버리면 된다. 화가 날 때나 비난하고 싶어질 때마다 나의 행복과 성장과 자기 발전의 시간이 60초씩 사라진다. 나에겐 그럴 여유가 없다.

6. 항상 정상 혈압으로
7. 항상 모든 일을 생각하면서
8. 항상 중요한 일을 먼저
건강이 인생을 즐거운 게임으로 만들어 준다.

* 나의 힘은 다른 열 사람을 모아 놓은 것만큼 강하다. 내가 깨끗하고 올바른 인생을 살아가기 때문이다. 나는 남에게 대접받고자 하는 대로 남을 대접한다. 다수의 선을 목표로 한다. 세 치 혀보다도 나의 인생으로 모범을 보이고자 한다. 나는 솔직하게 타인을 도와주려고 노력한다. 다른 사람을 부축해 주면 나에게도 힘이 생긴다.

* 나는 쉽게 빠르게 새로운 아이디어를 생각해 낼 수 있다. 기존의 아이디어들을 비교하고 결합하면 된다.

* 나는 비난을 전염병처럼 멀리한다. 비난은 바보도 할 수 있는 일이며 대부분의 바보들이 그러한 행동을 한다. 남의 결점을 찾아내는 데에는 생각하는 머리도 교육도 필요치 않다. 이런 사람들은 늘 실패한다.

* 나는 돈이 있다, 계속 돈이 생긴다. 나에게 맞는 직업이 나의 인생을 채우고, 나의 직업이 나의 지갑을 채운다.

* 나는 정확하게 빠르게 결단을 내린다, 사실을 찾아내서 필요 없는 것을 걸러 내고 중요한 것을 향해 똑바로 따라간다.

* 나는 장애물과 문제를 고대하며 심지어 찾아 나선다. 그것은 훼방꾼이 아니라, 정상적인 인생의 과정이다. 인생은 장애물 경기이다.

* 나는 다른 사람들의 용기를 북돋아 주고 도움을 준다. 주지 않고 받기만 하는 사람은 살아 있을지언정 제대로 살지는 못한다. 생명은 곧 과거가 되지만, 다른 사람을 위한 행동은 지속된다.

긍정적인 사고와 최고의 순간을 영원히 유지하는 것이 쉽지는 않다. 하지만 꼭 필요한 것이기 때문에 그것을 이루기 위해 모든 방법과 테크닉을 동원할 만한 가치가 있다.

자기 암시와 함께, 거장들의 시를 읽는 것도 좋다. 시에는 영감과 감동이 있다. 우리의 생각과 감정을 연결시켜 준다. 어린 시절의 기억을 되살리기도 하고, 희망과 신념을 가져다주기도 한다. 우리의 마음과 영혼과 정신과 의지력을 흔들어 깨운다.

당신의 감정을 어루만져 주고 영감을 불어넣었던 시, 감동으로 다가왔던 시를 골라 보라.

프로그램 9에서는 자신감과 용기를 개발하는 방법을 알아보기로 하자. 또한 친구를 빨리 사귈 수 있는 대화의 기본도 알게 될 것이다.

대화의 기본을 익힘으로써 빠르게 친구를 사귈 수 있다.

program 9

자신감과 용기를 개발하자

엘리노어 루스벨트는 어렸을 때 소심하고 수줍음이 많은 성격이었다. 대화를 시작하려 할 때마다 입이 떨어지지 않을 정도로 아주 심각했다. 그래서 그녀는 삼촌에게 조언을 구했다. "어떻게 하면 이런 수줍음을 없애고 말을 잘할 수 있을까요?"

삼촌이 대답했다. "내가 대화의 명인을 소개시켜 주마. 그 사람하고 같이 있는 것만으로도 위대함을 느낄 수 있어. 상대방을 아주 중요하고 훌륭한 사람인 것처럼 느끼게 해 주거든. 그의 이름은 니콜라스 머리 버틀러란다. 그 사람이 너를 도와 줄 수 있을 거다." _{나중에 버틀}
_{러 박사는 컬럼비아 대학의 총장이 되었다.}

엘리노어가 버틀러 박사님에게 고민을 털어놓았을 때, 그는 다정하게 입을 열었다. "잘 왔어요. 젊을 때 그런 문제로 고민하지 않았던 사람은 나이 마흔이 되기 전에 지루해지기 쉽답니다. 나는 당신 같은 젊은이를 만나는 게 아주 기뻐요. 학교에서 배우는 것들은 대부분 졸업하고 나면 실제로 사용할 수 없지만, 대화는 우리가 살아가면서 매일매일 사용해야 하는 것이랍니다. 그래서 중요하지요."

버틀러 박사의 말이 계속 이어졌다.

"모르는 사람과 이야기하는 건 아주 재미난 게임이에요. 꼭 해볼 만한 게임이지요. 그런데 저절로 되는 건 아니랍니다. 당신이 먼저 말을 붙여야 해요. 지금은 예전과 달라서, 남자든 여자든 모르는 사람한테 말을 걸 자유가 있잖아요. '안녕하세요!' 라고 인사하세요. 길의 방향이든 시간이든 날씨든 물어 보세요. 가까운 약국이 어디 있는지, 다음 버스가 언제 도착할 것인지 물어 보세요. 어색한 침묵을 깨뜨리기 위해서 물어 보는 겁니다."

"낯선 사람에게 허물없이 대하는 사람이 있는가 하면, 뻣뻣하게 상대방이 먼저 말하기를 기다리는 사람들도 있어요. 멀리 볼 필요 없이, 지금 친한 친구들 중에서 처음 만났을 때 먼저 말을 붙였던 사람이 몇 명이나 있었죠?"

"성공하는 사람들의 특징 중 하나가 남보다 먼저 시작하는 거예요. 당신도 먼저 말을 걸어 보세요. 모두들 다른 사람이 말 걸어오길 기다리고 있어요. 당신에게는 커다란 기회인 셈이에요. 둘 다 똑같이 '저 사람이 나에게 먼저 말을 걸어올 거야'라고 생각하지요. 자신이 먼저 말을 붙이지는 않아요. 당신이 먼저 시작하면 아마 감탄

할 겁니다. 자신이 못하는 일을 하는 당신에게 호감을 느낄 거예요. 한번 시험해 보세요. 그것이 당신의 수줍음과 소심함과 그 외의 다른 문제들을 치료해 줄 겁니다."

"엘리노어, 이런 것이 진정한 교육이에요. 학교에서 배운 것은 다 잊어 버려도, 이런 습관은 영원히 남아 있게 되지요. 대화하는 방법을 익히고 나면, 바라는 모든 것을 당신의 것으로 만들 수 있을 거예요. 다른 사람을 당신의 뜻대로 끌어가는 힘도 갖게 됩니다. 이 막강한 힘을 훈련하는 최선의 출발이 바로 대화랍니다."

버틀러 박사는 그녀에게 가장 필요한 것이 동기 부여라는 것을 알아냈고, 충분한 동기가 생기면 목소리나 대화의 기술적인 면들은 스스로 찾아서 습득할 것이라고 생각했다. 버틀러 박사가 또 한마디 덧붙였다. "할 말이 생각나지 않으면, 무언가 생각날 때까지 대화의 기본을 활용하세요."

나는 버틀러 박사의 충고를 따라서 직접 시도해 보았다. 그리고 대화의 기본을 찾아내기 위해 노력했다. 대부분의 사람들이 대화의 시발점으로 가장 많이 사용하는 주제들을 확인하고, 그 주제를 찾아낸 후에는 기억하기 쉬울 만한 방법을 연구했다. 세 권의 사전을 샅샅이 훑어 본 결과 마침내 "WONDERFUL"이라는 단어로 결정을 내리게 되었다.

내가 이 단어를 선택한 이유는 세 가지이다.

첫째 처음 세 글자 "W" "O" "N"이 날씨Weather 직업Occupation 뉴스News
를 상기시켜 줄 수 있다.

날씨, 직업, 뉴스에 대한 이야기를 대화에서 뺀다면 아마 세상 사람의 반이 입을 열지 못할 것이다.

둘째 "WONDERFUL"은 낙관적이고 긍정적인 단어이다. 그 말을 하는 즉시 우리의 기분이 좋아지고, 낙천성과 긍정적인 태도가 살아날 수 있을 것이다. 기분이 좋아야 대화를 시작하고 싶을 테니까.

셋째 "WONDERFUL"에서 남은 여섯 글자는 대화를 시작하는 7가지 주제들을 말해 줄 수 있다.

이 10가지 주제가 대화의 시작으로 가장 많이 사용되는 것들이었다. 그래서 나는 이것을 대화의 기본이라 부른다. 그럼 "WONDERFUL"이라는 아홉 글자가 제시하는 10가지 주제가 무엇인지 알아보기로 하자.

W weather^{날씨}

친구들끼리이건 낯선 사람과 함께이건, 이 주제로 대화를 시작하는 경우가 많다. 끼어들기도 쉽고 빠져나가기도 쉬운 주제이며, 논쟁의 여지도 없다. 상대방의 감정을 건드리거나 언쟁을 유발하지도 않는다. 재미있거나 대화로 오래 끌 만한 소재는 아니지만, 어차피 목적은 그것이 아니다. 당신이 사교적인 사람이며 침묵을 깨고 싶어 한다는 뜻을 상대방에게 전달하는 도입부일 뿐이다. 이것은 흔히 좀 더 흥미로운 다른 소재로 옮겨가게 된다. 하지만 대화의 불이 붙지 않는다면, 직업이나 일에 관한 주제로 다시 시도해 볼 수 있다.

O occupation 직업

대개의 사람들은 자신의 일에 대한 이야기를 할 때 좀 더 편안해한다. 그 주제에 대해서는 남보다 조금이라도 더 알기 때문에 자신 있게 이야기할 수가 있다. 그 일을 하면서 많은 시간을 보내기 때문에 할 말도 많을 것이다. 게다가 직업을 알면 그 사람에 대해서 많은 것을 짐작할 수 있다. 그것이 흔히 다른 주제로 연결되기도 한다. 하지만 대화의 불이 붙지 않는다면, 뉴스 쪽으로 옮겨가라.

N news 뉴스

모든 사람이 뉴스에 관심을 갖고 있다. 지역 소식, 나라 소식, 연예계 소식, 해외 토픽 할 것 없이, 텔레비전과 신문들이 우리에게 수시로 소식을 전해 준다. 아무런 뉴스도 접하지 않고 하루를 보내는 것이 더 힘들 정도다. 그러니 만나는 사람들과 그 내용을 이야기하고 싶어지는 것 또한 자연스러운 일이다.

D dining 식사

식사나 음식에 대해서는 거의 대부분의 사람들이 관심을 갖고 있다. 그 주제만으로도 오랫동안 흥미로운 대화를 충분히 이끌어 나갈 수 있다.

D driving 운전

이 글자 D는 식사^{dining}가 될 수도 있지만, 운전^{driving}이 될 수도 있다.

요즘에는 많은 사람들이 직접 운전을 하고 다닌다. 사고, 교통 상황, 고속도로 등 수십 가지 운전에 얽힌 이야기로 수백만 가지 대화를 끌어낼 수가 있다. 자동차만을 소재로 몇 시간씩 대화하는 사람들도 많다.

E entertaining^{오락}

여기에는 모든 종류의 오락이 포함된다. 영화, 연극, 스포츠, 게임, 여행, 낚시, 취미생활 등등.

R radio/TV^{라디오나 텔레비전}

지난 24시간만 치더라도 누구든 라디오나 텔레비전에서 솔깃한^{좋은 특별한} 이야기를 들었을 것이다. 많은 사람들이 흥미를 갖지 않는 내용이면 방송매체에서 다루지도 않는다. 그래서 많은 대화들이 라디오나 텔레비전에서 들은 내용을 기본으로 이루어진다.

F family^{가족}

리더스 다이제스트의 설문조사에 의하면, 독자들의 관심을 사로잡는 세 번째 주제가 가족에 대한 부분이었다. 부모, 자녀, 조부모, 형제자매, 친척 등에 대한 이야기가 다 여기에 포함된다.

U uplift^{정신적인 교감}

이것은 말이 없이 전달된다는 면에서 다른 아홉 가지와 다르다. 우리는 흔히 본능적으로 다른 사람들이 우리를 어떻게 생각하고 있는지 '느끼게 된다.' 그러므로 누군가와 같이 있을 때 당신이 마음 속으로 '이 사람이 잘 됐으면 좋겠다, 멋진 사람 같아. 이 사람을 더 알고 싶다.'고 생각하면, 그 말없는 메시지가 상대방에게 전달이 된다. 어떻게 전달되는지는 모르지만, 이 말없는 메시지가 대화의 소재를 제공해 주는 경우도 많다.

L location / travel 여행 / 장소

어디서 사시나요? 어디서 일하시나요? 어떤 곳에 다녀오셨나요 — 유럽, 동남아, 남미, 미국, 산, 바다? 어떤 여행을 좋아하시나요? — 비행기, 기차, 배, 자동차, 버스? 이런 것들이 무궁무진하게 대화의 소재로 사용될 수 있다.

이런 대화의 기본들을 준비해 놓아라. 그것을 익혀 1.5초안에 10단어를 떠올릴 수 있을 만큼 확실하게 기억해 놓으면, 친구나 낯선 사람과 같이 있을 때 할 말을 찾지 못해 당황하는 일이 없어질 것이다. 그 후에는 이야기할 상대를 찾아 나서게 될 것이다. 사람들은 자신이 남보다 더 잘할 수 있는 일, 편안한 일을 하고 싶어한다. 거기서부터 당신은 세상에서 제일 재미난 게임을 하게 될 것이다.

하지만 운전이나 타이핑 같은 기술처럼, 자연스럽고 익숙하게 행동할 수 있는 상태가 될 때까지는 자신감이 생기지 않을 것이다. 'WONDERFUL' 단어를 떠올려서 하나하나 더듬어 보아야 한다면, 아직 자신 있는 단계에 이르렀다고 말할 수 없다. 10개의 단어를 개별적으로 기억하고, wonderful 단어는 잊어 버려라. 목표를 위한 도구로 사용한 것까지 굳이 기억할 필요는 없다. 다만 10개의 주제를 1.5초안에 생각해 낼 수 있도록 확실하게 암기하라.

Weather^{날씨}, Work^{직업}, News^{뉴스}
Dining^{식사}, Driving^{운전}, Entertaining^{오락}
Radio & TV$^{라디오와\ 텔레비전}$, Family^{가족}
Uplift^{느낌}, Location^{장소}

이렇게 그룹은 나누는 방식이든 다른 어떤 방식으로든, 내용을 눈으로 보지 않더라도 재빨리 기억할 수 있도록 연습하라. 첫째 주에는 시간이 걸리겠지만, 2, 3주정도 지나면 2, 3초로 빨라질 테고, 2주일이 더 지나면 1.5초안에 무의식적으로 기억할 수 있을 것이다.

이 대화의 기본을 운전이나 타자처럼 생각하라. 운전을 할 때 브레이크, 기어 변속 등의 순서를 의식적으로 기억해야 한다면 자칫 위험을 초래할 수도 있다. 그러므로 반사신경이 작동할 수 있을 정도로 익혀야 한다. 대화의 기본도 이와 마찬가지이다.

〉〉〉 위인들의 방법

대화의 기본을 밑바탕으로 삼되, 거기서 멈추어서는 안 된다. 대화의 소재를 의식적으로 찾아야 한다. 대화의 소재로 쓸 만한 내용들을 최대한 찾아서 읽어라. 이것이 대화 능력을 기르는 가장 유익한 도구다. 기사나 잡지, 책 혹은 강연회든, 거기서 좋은 아이디어를 찾아낼 수만 있다면 충분히 가치가 있다. 그 아이디어가 평생 내 것이 되기 때문이다. 내 돈이 들어가지 않으면 관심이 쏠리지 않기 때문에 금방 잊어버리게 된다.

대화라는 것이 물리학이나 수학처럼 정확하게 맞아떨어지는 것은 아니지만, 다른 사람의 경험으로부터 배울 수 있는 것을 최대한 배운다면 서툰 실수와 오해의 소지를 상당 부분 줄일 수 있을 것이다.

월터 크라이슬러
"20년의 실험보다도 1년의 독서가 나에게 자동차에 대해서 더 많은 것을 가르쳐 주었다."

헨리 포드
"경험의 학교를 졸업하려면 너무 오래 걸린다. 막상 졸업하고 나면 일하지 못할 정도로 늙어 버린다."

소크라테스
"다른 사람의 경험으로 자신을 개발하라. 다른 사람들이 오랫동안 힘들여 얻어낸 것을 그대는 빠르게 습득할 수 있으리라."

이제부터는 다른 사람들이 대화를 시작했던 방법에 대해서 알아보기로 하자. 그들의 방법을 생각하라. 자신이 활용할 수 있는 방법도 생각해 보라. 그 글에 대해서 스스로 질문해 보고, 비교해 보고, 결합시켜 보고, 다시 정리해 보고, 수정도 해 보고, 글로 써 보라. 그것이 바로 생각이다.

마가렛 런벡은 고등학교를 졸업할 때 학생 대표로 고별사를 하게 되었다. 식장에 도착해서 연단 테이블로 걸어가 보니, 그날의 중요한 연사 한 분이 앉아 계셨다. 처음 보는 그 사람 곁으로 그녀가 주춤주춤 걸어가서 입을 열었다. "당신과 이야기를 하고 싶은데, 너무 불안하고 긴장돼서 무슨 말을 해야 할지 하나도 생각이 안 나요."

"그건 아주 자연스런 일이에요." 그 남자가 대답했다. "누구나 긴장될 때가 있어요. 하지만 몇 초 안에 치료하는 방법도 있답니다. 모르는 사람 앞에 있을 때, '저 사람도 나처럼 불안하고 긴장 돼 있을거야.' 라고 생각하는 것이지요. 불안해하는 사람에게 말을 거는 게 당신의 의무일지도 몰라요. 그 사람을 칭찬하거나 질문을 해 보세요. 충고나 정보를 구할 수도 있겠지요. 날씨 이야기를 하든지, 당신의 집에 대한 이야기를 하든지 무엇이든 좋아요. 상대방에게 정신을 집중하면, 수줍음을 떨쳐 버릴 수가 있어요. 상대방에게 집중하는 것, 그것이 바로 당신의 수줍음에서 벗어나는 지름길이랍니다."

마가렛은 그 남자의 충고를 받아들여서 부드러운 대화의 능력을 길러 나갔다. 훗날 라디오 아나운서가 되어서도 그 분의 충고가 자신에게 가장 값진 도움이 되었다고 고백했다. 그 낯선 남자는 나중에 미국의 대통령이 되었던 프랭클린 루즈벨트였다.

그럼 낯선 사람과의 어색함을 깨뜨리는 데 사용되는 공통의 맥은 무엇일까? 두 명의 루즈벨트 대통령을 예로 들어 보자.

테오도르 루즈벨트와 프랭클린 루즈벨트는 여러 면에서 달랐다. 하지만 사람을 다루는데 있어서는 둘 다 전문가였다. 그들은 모르는 사람과 만나기 전에 미리 비서에게 그 사람에 대한 정보를 알아보라고 지시했다. 특히 그 사람의 직업을 강조했다.

그 사람이 하는 일을 알면, 그의 관심사나 삶의 태도나 선호도, 좋아하는 것, 싫어하는 것 등 많은 것을 알 수가 있다. 직업은 그 사람의 내적인 면을 여러 모로 드러내 준다. 교육 정도, 지적인 능력, 개성, 어울리는 사람들, 기타 그의 삶에 영향을 미치는 다른 부분들에 대해서 알 수 있는 실마리를 제공한다. 소득이 얼마나 되는 지도 짐작할 수 있게 한다. 소득은 그 사람의 생활 태도와 관심사들을 결정 짓는 중요한 요소이기도 하다.

그러므로 가능한 방법을 전부 동원해서 그 사람의 직업을 알아내는 것이 공통의 맥을 찾는 지름길이다. 다른 정보가 없다면 우리의 관찰로부터 시작해야 할 것이다. 눈과 귀를 동원해 꼼꼼하게 관찰해서, 자신에게 물어 보라. "저 사람의 외모나, 옷차림, 표정, 자세, 체격 등에서 어떤 특징이 나타나는가? 어떤 직업을 갖고 있을까? 내가 느끼는 첫인상은 어떤가?" 이런 말없는 질문들이 다른 질문들도 연달아 불러낸다. 그런 질문들이 우리의 관찰력을 날카롭게 가다듬어, 상대방의 특징, 태도, 안색 등을 더 정확하게 알아차릴 수 있게 된다.

손으로 일하는 사람일까, 머리로 일하는 사람일까? 지금이 몇 시 몇 분인데, 이 사람은 여기에 왜 와 있는 것일까? 무슨 일을 하기 위해서일까? 사업가일까? 아니면 노동자일까, 의사일까, 세일즈맨일까?……

그가 책을 읽고 있거나 책을 손에 들고 있다면, 그것이 어떤 책인지 살펴보라. 그 책도 당신에게 여러 가지를 알려줄 것이다.

당신의 눈과 귀를 활짝 열어 놓는다면 대화를 하는 동안 스스로에게 한 질문에 대한 해답을 얻을 수 있을 것이다. 약간만 연습하면, 놀라울 정도로 많은 부분을, 정확하게 짐작할 수 있게 된다. 신문 기자와 탐정들의 경우에는 한번 스치듯이 본 것만으로도 그 사람에 대해서 1페이지 분량의 보고서를 작성할 수 있다고 한다.

이렇듯, 사람과의 대화를 잘 풀어 나가려면 준비와 연습이 필요하다. 루스벨트처럼 위대하고 명석한 사람도 순간적인 직감에 의지하지 않고 미리미리 준비를 해야 했다면, 우리 같은 평범한 사람들에게는 그 중요성이 더할 것이다. 대화의 소재로 사용할 만한 내용들을 공책에 적어 두는 것은 어떨까? 에머슨과 스티븐슨에게는 특이한 일, 일화들을 적어 두는 공책이 있었고, 에머슨은 그 공책을 '내 저금통장'이라고 불렀다.

돌리 매디슨(Dolly Madison, 미국의 4대 대통령 제임스 매디슨의 아내)은 재미있는 대화상대로 정평이 나 있었다. 그녀는 언제나 특이해 보이는 공책 한 권을 지니고 다녔는데, 흔히 그 공책에 대한 질문으로 대화가 시작되곤 했다. 게다가 그 안에는 백악관에서 일어났던 재미있는 사건들이 조목조목 적혀 있었다.

직업 다음으로는, 그 사람의 취미를 알아내는 것이 가장 쓸 만한 정보를 제공해 준다. 리더스 다이제스트의 조사에 의하면, 대부분의 사람들이 관심을 갖는 부분은 일, 취미, 가족, 이 세 가지라고 한다.

처음 보는 사람과 이야기를 하다가, 같은 동네에서 태어났거나 같은 학교를 다녔거나 같은 직종에서 일했거나 하는 공통점을 발견한 적이 있는가? 그럼 두 사람은 금세 친구처럼 편안해졌을 것이다. 그것은 두 사람이 서로에게 자신을 알려서 연결 지점을 찾아내고, 빠르게 동일시를 할 수 있었기 때문이다.

정치인이나 대중 연설을 하는 사람들도 이런 연결 지점을 찾아내는 기술이 뛰어나다. 그리 어려운 일도 아니다. 왜냐하면 이 지구상에서 공통점이 단 한 가지도 없는 사람은 존재하지 않기 때문이다. 대개는 그 연결고리를 얼마나 효과적으로 찾아내느냐, 아니면 얼마나 소홀하게 방치하느냐의 문제일 뿐이다. 같은 지역에서 자라지 않았더라도, 얼마든지 다른 공통분모를 찾을 수 있다. 둘 다 서비스 직종에 몸담고 있거나, 같은 지역을 여행한 적이 있거나, 둘 다 야구를 좋아한다거나, 혹은 똑같은 차종을 몰고 다닌다거나, 둘 다 자녀가 있을 수도 있다. 사람은 흔히 자신과 가장 비슷한 사람에게 끌리기 마련이다.

적당한 계기만 주어진다면, 관심이 생기는 일이라면, 그 누구라도 입을 열게 될 것이다.

사람들이 제일 좋아하는 대화의 시작은 일과 취미생활, 가족, 음식, 여행 등이다. 또한 정보를 얻기 위해서는 폭넓게 질문을 사용해야 한다. 의견을 물어 보거나 취향을 물어 보라.

세상 모든 사람이 좋아하는 범우주적인 주제가 하나 있다면 얼마나 편하겠는가. 하지만 그런 것은 없다. 그러니 우리가 그것을 끌어내야 한다. 관찰력을 발휘하면 그 과정을 상당히 단축시킬 수 있다. 눈과 귀와 머리를 사용해서, 상대방에 대한 질문을 스스로 해 보는 것으로 그의 직업과 취미를 단시간에 알아낼 수가 있다.

관찰력과 더불어, 당연히 판단력도 필요하다. 어색함을 깨뜨리는 방법은 현재의 장소, 같이 있는 사람, 상황, 시간 등에 따라서 달라진다. 판단력을 사용하라. 청소부, 목사, 의사에게 똑같은 대화를 이끌어 갈 수는 없을 것이다. 상황과 시간과 장소가 대화의 주제를 제공하는 경우도 많다.

연배가 높은 사람들은 과거 이야기를 좋아한다. 젊은이들은 현재나 미래에 더 관심이 많다. 여자들은 자녀, 꽃, 파티, 콘서트, 텔레비전, 라디오, 쇼, 패션 등에 관심이 있고, 남자들은 돈, 사업, 스포츠, 가족, 기타 취미생활에 관심을 보인다. 연배나 성별에도 맞출 수 있도록 노력하라.

어디서든 자기소개가 우선이다. 그리고 남녀노소를 막론하고 누구든 먼저 말을 걸 자유가 있다.

수줍음이 많은 사람들은 두 가지 점을 걱정스러워한다. 1) 무시당하면 어쩌지? 2) 혹시라도 말을 잘못했다가 나중에 불똥이 튀면 어쩌지?

하지만 그런 사람들은 인생을 변화시킬 수 있는 기회들을 억압하고 있는 것이다. 눈앞에 기회가 찾아왔는데도 뒤로 물러서고 있는 것이다. 다른 사람도 당신과 똑같이 느끼고 있을 가능성이 많은데 말이다. 먼저 말을 건다고 해서 손해날 일이 무엇이겠는가?

물론 어쩌다 한 번씩 우리와 전혀 공통점이 없는 사람과 만날 수도 있다. 서로를 지겨워할 수도 있다. 그래서 어떻다는 것인가? 무슨 손해를 보았는가? 다시 한 번 도전해 보라. 다음번에는 친구가 될지도 모르는 일이다. 게다가, 노력하는 것 자체로도 우리에게는 하나의 경험이다. 매번 시도할 때마다 우리는 성장한다. 비록 실패하더라도 우리는 성장한다. 모든 성공에는 실패가 포함되어 있는 법이다. 커다란 성공은 이전의 실패를 통해서 배운 것을 바탕으로 한다.

다른 사람의 말문을 열려면 단정적인 말보다 질문이 더 효과적이다. 그리고 '사실', '사람', '사건과 생각', 이 네 가지의 범주를 생각하라. 모두 다 훌륭한 대화의 소재들이다. 하지만 당신이 생각을 해야 한다. 네 가지를 어떻게 사용해야 할까? 젊은이나 노인에게, 지성인이나 문맹자, 부자나 극빈자 등에게 어떤 소재가 최선일까를 생각하라.

이 네 가지 범주에는 다음과 같은 것들이 포함된다.

사실	사람	사건과 생각
색깔	성별	무엇
크기	나이	누구
목적	직업	언제
재료	옷	어디서
가치	출신	왜
과거	체격	어떻게
미래	안경	원인
형태	성격	결과
무게	가족	비슷한 점
		상반되는 점
		과거
		미래

순간적인 상황에 맞춰서 반응할 자신이 있더라도, 미리 준비하는 것이 현명하다.

그리고 그 방법으로는 대화의 기본에 들어 있는 10가지 주제에 대해서 각각의 질문이나 할 말을 생각해 두는 것이 효과적이다.

아래에 그 예를 들어 놓았지만, 굳이 똑같이 할 필요 없이 당신 자신이 질문이나 말을 만들어 볼 수 있을 것이다.

1. 이런 날씨가 언제까지 계속될까요?
2. 이렇게 비오는 날에는 밖으로 돌아다니는 직업이 아니라서 참 다행스러워요.
3. 우주비행에 대한 새로운 소식 들으셨어요?
4. 그 고속도로에서 운전할 때 어떠셨어요?
5. 뉴스 시간에 나오는 내용은 많은데 좋은 소식은 별로 없더군요.
6. 휴가 다녀오셨어요?
7. 해산물 좋아하세요?
8. 여기서 먼 곳에 사시나요?
9. 리더스 다이제스트를 방금 읽었는데…….
10. 오늘 아침 신문을 보니까…….
11. 방금 라디오에서 들었는데…….
12. 여기는 항상 좋은 클래식을 틀어 줘요.
13. 실례합니다만, 가까운 약국이 어디 있는지 아시나요?

일단 안면을 트고 대화를 시작하고 나면, 생각에 대한 대화로 접근해 갈 수 있다. 그 예를 들어보자.

1. 백만 달러가 생긴다면 어떻게 쓰실 건가요?
2. 학교 체육이 제 효과를 발휘한다고 생각하세요?
3. 영어를 최선의 세계 언어라고 말할 수 있을까요?
4. 다들 인생에 목표가 있어야 한다고 하던데, 당신의 생각은 어떠세요?
5. 지금까지 여행해 본 곳 중에서 제일 마음에 든 곳은 어디인가요?
6. 남이 못해 본 특이한 경험을 한 적이 있다면, 어떤 거죠?
7. 사람한테 취미가 얼마나 중요한 걸까요?
8. 집을 사는 것과 빌리는 것 중에서 어느 편이 좋을까요?
9. 자기 사업을 하면 어떤 좋은 점이 있을까요?
10. 모든 사람이 다 대학에 가는 것이 현명할까요?
11. 어떤 사람을 대통령으로 뽑아야 할까요?
12. 사람을 잘 사귀는 사람들은 어떤 성격을 갖고 있을까요?
13. 교육이나 환경보다 유전적인 요소가 성공에 더 중요하다고 생각하시나요?
14. 비행기 여행을 좋아하시나요? 아니면 기차, 자동차, 배, 버스, 오토바이?

이제 당신은 대화를 시작하는 방법, 타인의 말문을 여는 방법을 알게 되었다. 하지만 대화에는 두 가지 요소가 포함되어야 한다. 듣는 것과 말하는 것이다. 상대방의 말을 듣기도 해야 하지만, 당신 자신도 입을 열어야 한다. 대화를 잘 이끌어 가는 사람들을 보면, 다른 사람들에게 말을 끌어내는 기술이 있는 것과 함께 자신의 말도 제대로 할 줄 안다. 세상 돌아가는 일을 모른다는 것은 핑계가 될 수 없다. 라디오와 텔레비전과 신문들이 사방에 널려 있으니, 소재를 찾을 마음만 있다면 얼마든지 찾을 수 있다. 어디서든 흥미로운 이야기들을 주워 올릴 수 있다. 당신은 어떤 주제가 상대방의 흥미를 유발시킬 것인가를 생각하기만 하면 된다.

목적의식을 갖고 신문을 읽어라. 대화의 주제에 초점을 맞춰라.

초보자에게는, 한 권의 공책이 필수 품목이다. 특이하거나 색다른 내용들을 발견할 때마다 공책에 적어 놓는 것이다. 적어도 하루에 한 개씩 적어라. 무언가를 글로 적어야 한다고 생각하면 관찰력이 더 좋아진다. 그리고 더 많은 생각을 하게 될 것이다. 자신의 생각이 없으면 흥미롭게 대화를 이끌어 갈 수가 없다.

인상적이고 아름다운 사건들에도 주의를 기울여라. 그런 내용을 매일 찾을 수는 없겠지만, 일주일에 한번쯤은 접하게 될 것이다. 그 내용도 공책에 적어 두어라. 그 공책이 다급할 때 당신의 구세주가 될 수도 있다.

흥미로운 주제를 접할 때마다, 그 내용에 대해서 자신에게 질문해 보라. 그것이 곧 생각이다. 그러면 보다 쉽게 이해하고 소화할 수 있으며 자신의 것으로 만들 수 있다. 그런 다음 똑같은 질문을 다른 사람들에게도 해 보라. 그 질문이 다른 사람들의 생각과 대화를 촉진시킬 것이다.

자연의 변함없는 규칙을 배워야 한다. 거저 얻을 수 있는 것은 없다. 훈련 없는 기술은 없다. 진정한 스승은 연습이다. 공책에 적어 둔 내용들이 연습해야 할 방향을 알려 주겠지만, 진짜로 사람을 변화시키는 힘은 행동과 연습에서 우러나온다.

그러니 오늘 시작하라. 완벽하게 습득할 수 있을 때까지 매일 연습하라. 기분이 어떠하든 상관없이 실행하라. 위대한 당신의 모습을 저급한 자아에게 보여주어라. 그것들을 연습한 후에는, 다시 처음으로 돌아가 당신에게 필요한 것들을 선택하라. 그것을 습관이 될 때까지 연습하라. 운전처럼, 의식적인 노력이 필요 없게 되는 시점이 되면 충분한 보상을 받게 될 것이다.

연습 1 에머슨과 스티븐슨은 하루 24시간 공책을 갖고 다니면서 흥미롭고 특이한 사건들을 적어 두었다. 하루도 그 공책에 기록하지 않고 지나간 날이 없었다고 한다. 이 방법만큼 효과적인 것이 없다. 초보자들에게는 특히 그러하다. 이 방법을 당장 활용해 보라. 작은 공책을 사자. 주머니나 가방에 들어갈 만한 크기의 공책을 사서 대화에 사용할 수 있는 내용을 하루에 적어도 하나씩 꼭 적어 넣어라. 그리고 저녁마다 읽어 보라.

연습 2 신문을 읽으면서, 대화 소재로 맞을 만한 내용들을 의식적으로 찾아보라. 그 내용을 공책에 적어라. 그리고 다음 날 그 내용 중의 하나로 대화를 시작하라.

연습 3 그 다음날 이야기하게 될 주제들을 모두 공책에 적어라. 그 중 하나를 대화의 시작으로 사용할 수 있을 만큼 그것에 대해서 생각하라.

연습 4 리더스 다이제스트를 사서 흥미가 가는 기사를 읽어라. 그 기사의 요점이나 주제를 자신에게 설명해 보라. 이 주제를 어떻게 대화로 엮어 볼 것인지 생각하라.

연습 5 누군가에게 한 마디로 대답할 수 없는 질문 즉, 자기 의견을 말하거나 어떤 방식으로 설명해야 할 만한 질문을 해 보라.

연습 6 얼굴만 알고 있는 사람 혹은 거의 모르는 사람과 대화를 시작하라. 좀 더 안면을 익히고 가능하다면 친구가 되는 것까지 목표로 삼아라.

연습 7 자신이 들었던 대화들을 연구하라. 누가 그 대화를 시작했는가? 흥미로웠는가? 이유는 무엇인가? 재미가 없었다면 그 이유는 무엇인가? 어떤 주제였나? 공책에 그것에 대해서 적어 보라. 배울 만한 점이 꼭 생기기 마련이다.

연습 8 사람들과 쉽게 섞여 이야기하는 사람들을 관찰하라. 그들이 어떻게 연결고리를 만드는지 살펴보고, 그것을 공책에 적어라. 그리고 그들의 기술을 당신이 어떻게 활용할 수 있을지 생각해 보라.

연습 9 우체부, 우유배달부, 버스기사, 그 외의 서비스 직종 사람들과 대화를 시작해 보라. 어떤 점을 깨달았는가?

연습 10 혼자만의 장소를 찾아서, 하나의 주제에 대해서 5분간 혼자 이야기해 보라. 사소한 문법 따위에 신경 쓰지 말고, 유창하게 말하려는 노력을 하라. 이것은 스스로 생각하는 훈련이다. 생각이 잘 나지 않으면, 자신에게 질문해 보라. 무엇을? 누가? 언제? 어디서? 왜? 어떻게? 원인은? 결과는? 유사한 점은? 연결고리는? 과거는? 미래는?

연습 11 사람들이 많은 장소에서 대화를 시도해 보라. 거리나 버스 안, 음식점, 우체국, 가게 등에서 대화의 기본에 들어 있는 주제 하나를 골라서 대화를 시작하라.

연습 12 비상시를 대비하여, 세 가지 대화의 주제를 공책에 적어 두어라. 세대나 나이에 상관없이 누구에게나 말할 수 있는 주제, 당신의 마음에 드는 주제를 골라라. 그 하나를 대화에 어떻게 활용할 것인지 생각하라.

연습 13 적당한 상대를 골라서, 당신이 읽거나 들었던 농담, 일화, 재미있는 이야기를 이야기해 보라.

연습 14 한 사람을 정해서 연구해 보라. 그의 특별한 행동이나 말이나 소지품이나 모습에 대해서 과하지 않게 칭찬하는 방법을 찾아라. 우리 대부분은 음식보다도 칭찬에 더 목말라 한다.

연습 15 신문에서 짧은 기사를 고른 다음, 10단어를 넘지 않게 한 문장으로 요약해 보라. 이런 훈련이 생각의 속도를 높여 준다.

연습 16 일반 사람들이 모두가 관심 가질 만한 내용을 신문에서 선택하라. 그것을 세심하게 읽고 요점을 외워 두어라. 그 내용에 대한 질문을 스스로 해본 다음, 사람들과의 대화에서 활용해 보라.

연습 17 사무용 파일 하나와 메모지 두 뭉치를 사라. 친구, 친척, 직장 동료 등 당신과 관련이 있는 사람들의 이름을 하나씩 적은 다음, 그들에 대한 정보를 적어 두어라. 주소, 전화번호, 생일, 취미……. 그리고 한 달에 한 번씩 그 파일을 읽어 보라. 그들에 대해서 새롭게 들은 소식이 있는가? 축하할 일이나 위로할 일이 있는가? 그 상황에 맞는 행동을 하라. 그들의 관심 분야에 대해서 알게 된 일이 있다면, 그들에게 그 내용을 말해 주어라. 짐 파레이는 이런 습관 덕분에 루스벨트를 네 번이나 대통령으로 당선시키는 데 큰 역할을 할 수 있었다.

연습 18 은행, 우체국, 레스토랑, 가게, 주유소, 교회, 다른 사람의 집, 어디서든 관찰을 하라. 특이한 점을 찾아라. 은행의 내부구조가 바뀌었는가? 셀프 서비스로 운영되는 레스토랑인가? 특별한 물건을 파는 가게인가? 나무로 만들어진 건물인가, 벽돌 건물인가? 그런 특이함은 언제나 쓸 만한 대화의 재료다.

연습 19 관찰력을 길러라. 남보다 더 예민하게 알아차릴 수 있도록 하라. 세계 각지를 돌아다닌 사람보다 길을 걸을 때 그 길에서 더 많은 것을 관찰하는 사람들이 있다.

당신의 눈과 귀를 최대한 이용하라. 그리고 스스로에게 질문해 보라. 신문사의 기자처럼, 새로운 소식, 특이한 사건, 흥미로운 풍경들을 취재하는 중이라고 생각하라. 평범하게 생긴 소를 보려고 서커스 장에 가는 사람은 없다. 머리 두 개 달린 소가 사람들의 시선을 더 잡아끌 수 있는 법이다.

연습 20 매일 타인을 칭찬하기 위해 노력하라. 이것이 관찰력을 증진시킨다. 매일 한 가지씩 칭찬하겠다고 마음먹으면 칭찬할 만한 일을 찾아보게 된다. 물론 어느 정도의 노력과 생각이 필요한 일이긴 하지만, 그 이상의 가치가 있다. 하루에 한 번씩 누군가를 행복하게 해 주다 보면 1년에 365번의 행복을 전달할 수 있다. 엄청나지 않은가. 그것이 당신에게도 행복한 기억들을 남겨 줄 것이다. 칭찬하라, 칭찬하라. 그것이 인기를 얻는 비결이다.

연습 21 세상 돌아가는 상황을 파악하라. 당신이 사는 곳만이 아니라, 다른 도시, 다른 나라에서 일어나는 일에도 관심을 가져라. 그래야 현실적이고 균형 잡힌 사람이 될 수 있다. 큰 제목을 읽는 데에만 만족하지 말고, 관심 가는 내용이나 사설을 찾아서 읽는 성의가 필요하다. 적어도 아래 나열한 성도의 분량을 읽어 주는 것이 좋다.

1. 일간 신문 하나, 그리고 그 안에 쓰인 사설 하나.
2. 잡지 하나. 사람들이 많이 읽는 것으로.

3. 소설 이외의 책, 1년에 두 권.
4. 당신이 일하는 업계의 전문잡지 하나.

연습 22 자신에 대해 좀 더 생각할 수 있는 계기를 만들어라, 그런 행동을 일주일에 한 가지씩 하라. 예를 들면, 남모르게 친절한 행동을 한다든지, 노력을 해야만 하는 — 하고 싶지 않은 — 유익한 일을 하는 것이다. 이런 행동이 당신의 내면에 용기와 자신감을 불어 넣어 줄 수 있다. 자신의 순수함과 진실성을 확인할 수 있다. 밖으로 보이는 것보다 당신의 내면에서 얻게 되는 효과가 더 중요하다. 당신의 내면이 풍부해지면, 당신을 아는 다른 사람의 인생도 풍요롭게 만들어 주고 싶은 충동이 일어날 것이다.

당신의 공책에 애타주의적인 내용들을 적어 두고 한 달에 한 번씩 들여다보라. 일주일에 하나씩 새로운 내용을 덧붙여라. 자신도 모르게, 보다 위대하고 고상한 당신의 모습을 찾아 나가게 될 것이다. 게다가 한번 위대함으로 나아갔던 마음은 이전의 협소한 마음으로 되돌아가지 않으려 든다.

자신을 이기는 이러한 승리는 그 어떤 승리보다도 위대하다. 어려움이 닥칠 때에도 확고한 요새가 되어 줄 수 있다. 그리고 우리가 이해하지 못하는 자연의 섭리에 따라, 그것이 다른 사람에게도 전달된다. 그때부터 당신은 진정으로 더 풍요로운 인생을 살게 될 것이다.

〉〉〉 훌륭한 시작이었다

이 연습을 한번 실행해 보면 방법을 배우게 된다. 얼마나 놀라운 결과를 만들어 낼 수 있는지도 경험하게 될 테고, 한 번의 연습이 수년간 읽기만 한 것보다 더 강력한 효과가 있다는 점도 알게 될 것이다.

하지만 한 번의 연습으로는 습관을 만들 수가 없다. 무의식적으로 행동할 수 있는 습관이 되기 전까지는 만족할 만한 결과도 얻지 못할 것이다. 그러므로 자동적인 습관이 될 수 있도록 계속 연습해야 한다.

이 연습들 중에서 당신에게 가장 유익할 만한 것을 골라서, 제2의 천성이 될 때까지 연마하라.

학교를 졸업한다는 것은 당신의 진정한 교육이 시작된다는 의미다. 자신에게 교육의 기회를 부여하고 거기에 매달려야 한다. 배움에는 끝이 있을 수가 없다. 당신의 눈과 귀와 마음을 열어서 꾸준하게 정보와 아이디어들을 받아들여라.

흥미롭고 효과적인 대화의 기본을 습득한 지금, 당신은 자신의 길을 개척해야 할 때가 되었다. 지금까지 배운 점들을 바탕으로 자신만의 문제해결 방식들을 생각해 보아야 한다.

연습 23 3개월 동안 연습을 한 후에, 앞으로 자신에게 가장 중요하게 쓰일 만한 방법이나 문장을 세 가지 선택해서 스스로에게 설명해 보라. 자신에게 하는 이 말이 동기를 부여해 줄 것이다.

이 세가지를 완벽하게 터득하라고 당신의 마음이 촉구할 것이다.

대화의 기본을 익히고 나면 대화를 시작해서 끌어나가는 어려움이 최소한으로 줄어들 것이다. 그런데 또 다른 문제가 생길 수 있다. 새로운 친구들과의 관계를 지속시키는 문제다. 지속적인 관계를 위해서는 어떤 점들이 필요한 것일까?

조지 볼트는 필라델피아에 있는 작은 호텔의 매니저였다. 어느 날 저녁, 평상복 차림의 나이가 지긋해 보이는 연배의 한 쌍의 부부가 호텔로 들어섰다. 그 도시에 마침 커다란 집회가 있었던 탓에 빈방이 남아 있지 않은 날이었다.

안내원이 방이 없다는 사실을 말하려 할 때, 볼트는 그 부부가 많이 지치고 피곤한 상태라는 것을 알게 되었다. 특히 여자 쪽은 제대로 걷기조차 힘들어 했다. 그래서 볼트는 그들에게 미안한 목소리로 제안을 했다.

"두 분 모두 피곤해 보이시는군요. 다른 곳에 가도 방이 없을 텐데, 혹시 작은 방이라도 괜찮으시면 제 방을 쓰십시오."

그 부부는 안도의 한숨을 내쉬며 기쁘게 그의 제안을 받아들였다. 다음날 아침 그 남자가 볼트를 찾아와서 말했다.

"당신은 호텔에 꼭 필요한 매니저입니다. 훌륭한 곳에서 일할 자격이 있어요. 내가 그런 호텔을 하나 지을 계획인데 같이 일해 보지 않겠소?"

그의 이름은 윌리엄 왈도프 애스터였다. 그가 뉴욕에 왈도프 애스토리아 호텔^{맨해튼 중심부에 위치한, 뉴욕의 최고급 호텔 중 하나}을 지었고 볼트를 어마어마한 연봉의 지배인으로 채용했다.

〉〉〉 인격이 기본이다

볼트의 영어 실력은 그리 완벽하지 못했다. 가끔은 사투리가 튀어나오기도 했고, 목소리도 평범했으며, 유행의 첨단을 따르는 멋쟁이도 아니고, 완벽한 예법을 갖춘 것도 아니었다. 하지만 그의 인품이 가장 기본적인 조건을 채워 주었다. 그는 손님을 편안하게 모셔야 한다는 점을 가장 중요하게 여겼다. 그리고 중요한 일을 가장 중요하게 받아들였다.

상대방에게 행복과 신뢰감을 주는 것. 그것이 볼트가 살던 시대에 갖춰야 할 성품의 기본이었고, 그 점은 오늘날에도 달라지지 않았다. 2099년이 된다 해도 변하지 않을 것이다. 완벽한 말이나 완벽한 옷차림, 완벽한 교육, 그 외의 여러 완벽한 요소들보다 더 중요하다.

다른 사람의 감정을 먼저 생각하는 것, 그것이 훌륭한 성격을 만들고, 그런 성품이 기회의 문을 열어 줄 수 있다. 그것이 닫혀져 있는 마음의 문과 지갑의 문까지 열어 줄 수도 있다. 우리의 태도가 상대방의 모습을 만든다. 이런 일을 경험한 적이 있는가?

미소와 칭찬, 감탄의 말 한마디가 까다로운 불평꾼을 쾌활한 천사로 바꿔 놓을 수 있다. 반대로 찌푸림과 비난, 차가운 시선과 모욕적인 말이 일생의 친구가 될 수 있는 사람을 적으로 만들어 버리기도 한다.

〉〉〉 윈스턴 처칠의 방법

윈스턴 처칠이 이런 질문을 받은 적이 있었다.

"당신처럼 존경받는 인격을 갖추려면 어떻게 해야 합니까?"

그는 대답했다.

"비결 같은 것은 없습니다. 상대방을 미소 짓게 만들려면 먼저 미소 지으세요. 관심을 끌고 싶으면 그들에게 먼저 관심을 보이세요. 칭찬을 듣고 싶으면, 먼저 칭찬하세요. 그들을 긴장하게 만들고 싶으면 당신이 먼저 긴장하세요. 그들을 소리 지르게 하려면 당신의 목소리를 먼저 높이세요. 그들에게 맞고 싶으면 먼저 때리세요. 사람들은 당신이 그들을 대접하는 대로 당신을 대접합니다. 간단합니다. 비결 같은 건 없습니다. 자신을 돌아보는 것이 중요할 뿐이지요."

체스터필드 경 Lord Chesterfield, 영국의 정치가, 문인 도 말했다. "다른 사람에게 보내는 선한 의지가 다른 사람의 선의를 끌어당기는 가장 강력한 자석이다."

로마의 시인 호라티우스 Horace 도 마찬가지였다. "다른 사람이 당신과 만나기를 즐거워하려면, 당신이 그들과 만나는 것을 즐거워해야 한다. 그리고 그것을 보여주어야 한다."

또 하나, '인정' 받고 싶어 하는 인간의 보편적인 욕구를 깨닫는 것도 인격 형성의 중요한 요소이다. 사람들은 모두 받아들여지는 존재, 존중받는 존재, 감탄의 대상, 필요한 존재가 되고 싶어 한다. 의식주 다음으로 좋아하는 것이 그것이다.

윌리엄 제임스

"인간의 본성의 가장 깊은 곳에는 인정받고자 하는 갈망이 있다."

프로이드

"인간은 위대해지고 싶어한다."

듀이 Dewey, 미국의 철학자, 교육자

"인간에게 가장 우선적이고 중요한 욕구는 중요한 존재가 되고자 하는 욕구다."

괴테

"다른 무엇보다도, 인간은 인정받고 싶어한다."

>>> 우리는 칭찬에 인색하다

벤자민 프랭클린

"우리의 모든 침묵이 중요한 것처럼, 우리의 모든 말도 중요하다."

우리는 흔히 칭찬과 격려, 그리고 감사에 인색하다. 너무 늦어 버릴 때까지 기다리기만 한다. 고대의 왕들은 칭찬을 잘하는 신하들을 가까이 거느렸고, 예로부터 칭찬의 말을 질 생각해 내는 사람들이 커다란 보상을 받았다. 칭찬을 받을 만한 사람이든 아니든, 그것은 별로 중요하지 않다. 오히려 칭찬 받을 자격이 없는 사람들이 가장 칭찬을 필요로 한다. 지금 우리의 주위에서도 음식보다 칭찬에 굶주려 있는 사람들이 더 많다.

포브스 지(경제전문지)가 '어떤 상사가 가장 훌륭한 상사일까?'라는 설문을 실시한 결과, 잘 처리한 일을 제대로 인정해 주는 상사가 1위에 올랐다. 직원들은 월급보다도 자신의 성과를 제대로 인정해 주는 상사와 함께 일하는 것을 더 중요하게 여겼다. "상사가 잘못했다고 지적하는 시간의 반만이라도 잘 처리한 일을 인정해 주는 데 사용한다면, 비난할 시간도 없을 것이고 비난할 이유도 줄어들 것이다."라는 것이 그들의 결론이었다.

여기서 우리가 해야 할 일은, 수줍음과 스스로에게 내린 구속이나 제한, 내향적인 장벽들을 깨뜨리는 것이며, 습관이 될 때까지 자신의 적극성을 개발하는 것이다. 그 습관은 놀라울 정도로 빠르게 자랄 것이며 그리고 그것이 당신의 인생에서 가장 위대한 게임이 될 것이다.

배리(Barrie, 피터팬의 작가)는 이렇게 말했다. "다른 사람의 인생에 빛을 가져다주는 사람은 자신에게도 그 빛을 억제할 수 없다."

우즈 허치슨(Woods Hutchison) 박사도 충고했다. "다른 사람의 좋은 면을 보라, 그럼 당신은 절대 늙지 않을 것이다." 또한 "다른 사람들이 좀 더 자신을 좋아하도록 만드는 것이 우리에게도 좋다."

다른 사람의 호감을 사기 위해서는 직접적인 방법을 쓰는 것보다, 간접적으로, 즉 그들이 자신을 더 좋아하도록 만드는 방법이 더 효과적이다. 상대방이 자신에 대해서 더 좋게 느끼게 되면, 그 사람은 무의식적으로 그 감정을 유발해 준 상대 ─ 바로 우리 ─ 에게 그 기쁨을 전달한다. 그렇게 우리를 더 좋아하게 된다.

〉〉〉 우리의 행복 늘리기

　타인에게 기쁨을 주면 줄수록 우리 자신도 기쁨을 얻게 된다. 글을 많이 쓰면 쓸수록 새로운 생각들이 자라나듯이, 다른 사람에게 주는 기쁨도 많으면 많을수록 우리에게 기쁨을 더해 준다.

　부유하고 교육을 많이 받은 율러 부인이 작은 동네에 살고 있었다. 그녀의 한 쪽 옆에는 퍼너 부인, 다른 쪽 옆에는 프레츠 부인이 살았다. 둘 다 젊고 평범한 여성으로 서로의 마음을 털어놓는 친구 사이였다. 그들은 자주 율러 부인에 대해서 이야기하곤 했다. "율러 부인은 부자인데다 대학까지 졸업했어. 우리랑 수준이 틀려서 우리 같은 사람은 거들떠보지도 않을 거야." 6년이 지난 후 율러 부인이 세상을 떠났는데, 그녀의 소지품 중에서 일기장이 발견되었다. 거기에는 이렇게 쓰여 있었다. "늙어 간다는 것이 너무나 쓸쓸하구나. 젊은 사람들은 자기 할 일들을 하느라 나 같은 늙은이에게 신경 쓸 틈이 없다. 나의 옆집에 사는 퍼너와 프레츠 부인도 언제나 늘 바빠서 나에게 손을 흔들거나 고개 한 번 끄덕여 보이는 것이 고작이다. 날 만나러 와 주지도 않고, 말을 붙인 적이 없다. 언젠가 그들도 나이가 들면 알게 되겠지. 외롭게 늙어 간다는 것이 얼마나 슬픈 일인지……."

　헨리 포드도 노년에 이런 말을 했다. "나는 세상 사람들이 바라는 거의 모든 것을 가졌다. 돈, 명예, 권력, 주위의 많은 사람들. 하지만 다시 살 수만 있다면 친구들을 찾아 나서고 싶다. 속내를 털어놓을 수 있는 친구 몇 명을 얻을 수만 있다면, 내가 가진 돈과 명예를 모두 포기해도 좋으리라. 이 세상에서 사람이 가질 수 있는 최고의 것은 바로 우정이다."

사람을 얻는 것, 이것이 우리의 가장 큰 목표가 되어야 할 것이다. 작은 계획을 세우지 말고, 큰 계획을 세워라. 작은 계획은 사람의 피를 뜨겁게 해 주는 힘이 없다. 어딘가의 누군가에게 칭찬과 인정을 받고 싶다면, 여기서 배운 내용을 습관으로 만들 수 있을 때까지 훈련하라. 그러면 당신의 목표가 이루어질 것이다.

〉〉〉 세 가지 습관

나의 제자들이 자주 물어 오는 질문이 있다. "인성을 개발할 수 있는 보다 간단한 방법이 없겠습니까?" 책이나 강연회에서 내세우는 방법들은 너무 피상적이고 복잡해서 기억하기조차 힘들다는 것이다. 나는 그 방법을 찾기 위해서 전문가들을 인터뷰하고 도서관의 자료를 찾아보고, 기존의 방법들을 비교 분석했다. 그리고 결국 가장 중요한 습관 세 가지를 요약해 낼 수 있었다. 그 세 가지 습관을 익힌다면 해야 할 행동과 말을 자동적으로 터득할 수가 있다. 아주 평범한 것이기 때문에 잊어버릴 염려도 없다. 이 세 가지 습관이 고독한 사람을 인기인으로, 불행한 사람을 행복하게, 실패한 사람을 성공으로, 가난한 사람을 부자로 만들어 줄 수 있다.

어차피 우리가 다른 사람들과 어울리지 않고 살아갈 수 없는 것이 인생이라면, 인기 없는 사람보다는 인기 있는 사람이 되는 쪽이 나을 것이고, 지루한 인생보다는 즐거운 인생을 만드는 쪽이 나을 것이다. 이 세 가지 습관이 그런 사람, 그런 인생을 만들어 줄 수 있다.

우리가 기억해야 할 습관은 다름 아닌, 친절, 호의, 쾌활함, 이 세 가지이다.

아브라함 링컨이 단순한 가르침보다 이야기가 더 정확한 메시지를 더 빠르고 선명하게 전달할 수 있다고 충고했던 대로, 나도 사례를 들어 설명하고자 한다.

〉〉〉 반항아를 가르친 선생님

피터 매슨은 학교에서 이름난 깡패였다. 아이들과 선생님 할 것 없이 모두가 그를 두려워했다. 9월의 첫날, 피터는 저티 선생님의 교실에서 틸리 선생님의 교실로 옮겨가게 되었다. 저티 선생님이 틸리 선생님을 위로하며 피터를 조심하라고 경고했다. "그 아이는 악마예요. 학급 전체를 망쳐 놔요. 처음부터 확실하게 휘어잡지 않으면, 나처럼 한 학기를 지옥으로 느끼게 될 거예요."

이 말을 들은 틸리 선생님은 심리학적인 접근방법을 사용하기로 했다. 첫날 피터를 방과 후에 남게 한 다음 그에게 말했다. "피터, 나한테 힘든 문제가 하나 있는데 너의 도움이 필요하단다. 사실 내가 신경조직이 허약해서 학생들을 지도하기 어려울 거라는 진단을 받았어. 하지만 나에게는 부양해야 할 병든 어머니가 계시고, 일을 그만두면 어머니를 치료해 드릴 수가 없어. 날 좀 도와줘, 피터. 네가 이 학교에서 제일 용감하고 힘이 센 학생이라는 이야기를 들었어. 네가 우리 반의 질서를 잡아 주고 어린아이들을 보살펴 준다면 내가 계속 이 일을 할 수 있을 거야. 네가 어린아이들을 보호하느라 싸움에 끼어들게 된다면 난 그냥 모르는 체할 거야. 거친 아이들을 막아주는 건 나한테도 도움이 될 테니까. 어떠니? 해줄 수 있겠니?"

그 이야기를 하는 데는 10분밖에 걸리지 않았지만 하룻밤 사이에 피터를 깡패에서 모범생으로 변화시켰다. 그는 나중에 성직자가 되었고, 틸리 선생님을 기리는 마음으로 앨런타운에 성심 병원을 설립했다.

"모든 사람에게는 칭찬이 필요하다, 특히 칭찬할 것이 없는 사람들에게는 더욱 그렇다."

다른 사람의 좋은 점과 칭찬할 점을 찾고 결점과 결함에는 눈을 감는 것이 최고의 방법이다. 수많은 술주정뱅이, 도둑, 살인자들이 이 방법으로 새 사람이 되었다. 사람은 자동적으로 남에게 보이는 모습에 맞춰서 살려고 한다, 그렇다면 그들을 좋은 모습으로 보아주는 것이 우리의 책임이다. 게다가 다른 사람을 좋게 생각할 때마다 그 사람뿐 아니라 우리 자신의 기분도 같이 좋아진다.

〉〉〉 모스크바에는 "미소"를 가르치는 학교가 있다

당신의 표정은 생각으로 결정이 된다. 그리고 표정은 당신이 몸에 지니고 있는 것 중에서 가장 중요하다. 거울을 들여다볼 때마다 넥타이나 화장을 먼저 점검하지 말고, 표정을 확인하라. 즐거운 표정인가? 그런 표정으로 사람들을 만나는가? 친절하고 호의적이고 명랑한 표정인가? 사람들이 당신과의 만남을 즐거워하는가? 당신의 얼굴에 친절과 호의와 명랑함이 담긴 미소가 있는가? 세상에는 그 미소가 절실하게 필요하다!

"입으로 하는 말이 있듯이 얼굴로 하는 말도 있다. 우리는 말로써 생각을 표현하고, 표정으로 우리의 감정을 표현한다. 미소는 타인의 마음과 지갑을 열게 한다. 찌푸림은 타인의 마음과 지갑을 닫게 한다. 미소는 그 사람을 좋아한다고 말하는 최단의 방법이다. 우리는 만나는 사람에게 아주 다른 모습일 수 있다. 사람들은 첫눈에 우리를 평가한다. 그들은 우리를 좋아하거나, 싫어하거나, 혹은 무관심하다. 인상의 위력을 얕잡아 보지 말라."

"낯선 사람을 보자마자 당신은 그에 대해서 판단을 한다. 모든 사람이 그렇다. 어떤 사람들은 입을 열기도 전에 사람을 끌어당긴다. 친절하고 호의적이고 명랑한 얼굴로 그렇게 한다. 반면에 여러 번 만나 본 후에야 그들의 표정이 차갑고 냉담하다 해도 실제로는 좋은 사람이라는 것을 알게 되는 경우도 있다. 친구를 사귈 때 이렇게 긴 과정을 거치고 싶지 않다면, 즉, 단번에 사람들의 호감을 끌어들이고 싶다면, 친절하고 호의적이고 명랑한 얼굴을 만들라. 러시아인들의 학교에서처럼, 미소 짓는 법을 배워라."

친절하고 호의적이고 명랑한 사람이 되면 에티켓에 대해서 생각지 않아도 된다. 저절로 정중하고 예의바른 사람이 될 수 있다. 이 세 가지 습관들이 어떤 상황에서건 당신이 해야 할 말과 행동을 알려줄 것이다.

〉〉〉 프랭클린의 방법

펜실베이니아 주의 의회에서 일하던 프랭클린은 동료 한사람이 자신을 공공연하게 헐뜯고 다닌다는 사실을 알게 되었다. 그는 그 문제의 처리방법을 곰곰이 생각해 보았다. 예전에 한번 심하게 말다툼을 한 후로 말 한 번 나누지 않았던 대장장이에게 자신의 말굽 수리를 부탁해야 했던 적이 있었는데, 그 일을 계기로 그들은 평생의 좋은 친구가 될 수 있었다. 그 때의 기억을 떠올리며, 그는 그 의원에 대한 자료를 수집하기 시작했다. 그가 어떤 물건을 좋아하는지, 어떤 취미를 갖고 있는지 알아 본 결과, 그 의원이 고서 수집하는 취미가 있다는 사실을 알아냈다. 프랭클린은 그 의원이 소장하고 있는 고서들 중에서 한 권을 빌려 달라고 부탁했다. 그 사람은 기꺼이 책을 빌려주었고, 다음 모임이 있었을 때 그 남자가 먼저 찾아와 책에 대한 이야기로 프랭클린에게 말을 걸었다. 그 후부터는 서로 좋은 후원자가 되어 죽을 때까지 절친한 사이가 되었다.

카네기, 록펠러, 워너메이커^{미국 백화점업계의 선구자}, 콘웰, 슈왑, 프랭클린, 테오도르 루즈벨트와 그 외의 수많은 사람들이 이 기술을 사용했다.

〉〉〉 인격의 최고봉

"그는 먹을 것을 구걸하는 부랑자와 이야기할 때조차, 상대방이 한때 유명인사였으나 불행으로 말미암아 이 낮은 자리로 전락했다는 느낌을 갖게 했다." — 괴테에 대한 말.

"그 사람 옆에 있을 때면 나는 항상 제일 현명한 일들을 생각하고 최고의 모습을 보이게 된다." — 체스터필드에 대한 말.

"그의 곁에 있는 것만으로도 위대함을 느낄 수가 있다. 그는 상대방이 너무나 위대하고 중요하고 인기 있는 사람이라고 느끼게 한다." — 버틀러 박사에 대한 말.

"그와 만나기 전에 슬퍼했더라도, 그와 헤어지기 전에는 항상 기뻐하게 된다." — 찰리 슈왑에 대한 말.

"그는 진정한 친구이다. 나의 모든 결점을 알고 있으면서도 언제나 날 존중하고 사랑해 준다." — 테오도르 루스벨트에 대한 말.

"나는 당신을 사랑합니다, 당신이 이룩한 업적 때문만이 아니라 당신과 같이 있을 때 나에게 일깨워 준 모습 때문이기도 합니다. 내가 우울할 때 당신은 용기를 주었고, 어리석고 겁쟁이 같은 행동들을 할 때 알면서도 모르는 척 해 주었으며, 다른 사람이 오랫동안 발견하지 못했던 나의 친절하고 고상한 면들을 끌어내 주었습니다. 내 안의 어리석음을 무시하고 내 안의 가능성들을 밝혀 주었으며, 그 어떤 교리보다노 너 나를 행복하게 해 주었습니다. 말 한마디, 손짓 하나도 없이 당신은 그 일을 해냈습니다. 당신의 자연스러움으로 해냈습니다. 당신은 진정한 인격의 최고봉이었습니다." — 괴테에게 바치는 책에서.

이 인격의 최고봉을 목표로 삼는 것이 어떨까? 명심하라. 작은 계획을 세우지 말고 큰 계획을 세워라. 작은 계획은 사람의 피를 뜨겁게 해 주는 힘이 없다. 어딘가 누군가에게 위와 같은 말을 듣고 싶다면, 세 가지 습관을 습관으로 터득할 때까지 연습하라. 그럼 당신의 목표가 이루어질 것이다.

〉〉〉 연습이 필요하다

지금까지 당신은 읽기만 했다. 하지만 읽는 것만으로는 성장이 따르지 않는다. 행동만이, 실천만이 성장을 가져다준다. 행동을 해야 힘을 개발할 수 있다. 처방전을 받았다고 해서 치료가 되는 것은 아니다. 그 처방전대로 약을 먹어야만 치료가 된다.

한 번의 연습이 수십 번 읽는 것보다 유익하다. 그것이 당신의 성격을 위해 더 많은 일을 해줄 수 있다. 행동하라, 행동을 해야만 힘이 생기고 변화가 생긴다. 행동만이 우리를 변화시킨다.

코끼리를 먹으려면 어떻게 해야 할까? 이런 우스개 질문이 있는데, 어떻게 하면 될까? 대답은 간단하다. 작은 조각으로 잘라서 조금씩 먹으면 된다. 다른 커다란 일을 할 때에도 마찬가지다. 매일 조금씩, 그렇게 하다 보면 커다랗고 굉장한 결과를 얻을 수 있다. 하루에 한 푼 두 푼 저축한 돈이 큰 재산이 된다. 매일 조금씩 했던 공부가 대학 총장을 만든다. 매일 조금씩 했던 훈련이 올림픽 챔피언을 만든다. 그리고 매일 조금씩 한 연습이 훌륭한 인격을 만든다.

오늘 시작하라, 마음이 내키든 말든, 억지로라도 아래 제시한 대로 연습하라. 전체적으로 한번 연습한 후에, 몇 가지 꼭 필요한 연습은 다시 한 번 실천하라.

연습 1 우리의 기억력은 그리 믿을 만한 것이 못되기 때문에, 우선 기억 환기 시스템을 설정해 둘 필요가 있다. 메모지를 3cm×5cm 정도의 크기로 12장을 잘라라. 그 위에 친절, 호의, 쾌활함을 써넣은 다음, 종이 한 장을 자주 손이 닿게 되는 주머니나 지갑에 넣어라. 남은 11개의 종이는 당신이 하루에 몇 번이고 보게 될 만한 곳에 분산시켜 놓아라. 너무 유치한 발상이라고 생각하는가? 그럴지도 모른다. 하지만 효과는 있다. 많은 위대한 지도자들이 이 방법의 효과를 직접 경험했다.

연습 2 누군가 한 사람을 정해서 그의 가치 있는 습관을 찾아보라. 그 점을 어떻게 칭찬하면 좋을지도 생각해 보라. 그의 행동이든 말이든 소지품이든 무엇이든 좋다. 마크 트웨인은 "기분 좋은 칭찬 한마디로 두 달은 버틸 수 있다."고 말했다.

연습 3 가장 달콤한 말은 그 사람의 이름이다. 그의 이름을 자주 불러라. 평소에 '안녕하세요'라고 말했다면 '안녕하세요, 월터.' 이렇게 바꾸는 것이다. 이름으로 불리면, 왠지 독립적이고 중요한 존재가 된 듯한 느낌이 들고, 그래서 기분도 즐거워진다. 이름을 불러 주는 사람과 계속 함께 있고 싶어진다.

연습 4 모르는 사람을 쳐다보면서 마음속으로 생각하라. '당신은 멋있는 사람, 좋은 사람이다. 나는 당신을 좋아한다. 당신을 더 많이 알고 싶다' 고. 생각은 말로 나타나고, 감정은 얼굴의 표정으로 나타난다.

연습 5 당신이 싫어하거나 관심이 없는 사람에게서 좋은 점을 찾아보라. 마음속으로 생각하라. '저 사람을 진짜로 알게 되면 좋아하게 될 거야.' "싫다"라는 단어는 "낯설다"는 의미의 다른 표현이다. 그 사람의 좋은 점들을 잘 알기 전에는 진심으로 좋아할 수가 없다.

연습 6 친구의 이름을 적어라. 그리고 그의 별명을 생각해 보라. 조롱이 될 수도 있는 별명이 아닌, 칭찬이 담긴 별명이어야 한다. 기분 좋은 농담은 사람의 기분을 들뜨게 하고 우정을 견고히 해 준다. 기분 좋은 농담을 생각해 보라.

연습 7 인기가 많은 사람을 한 명 선정해서 그 이유를 생각해 보라. 저 사람은 왜 저렇게 인기가 있을까? 그 사람이 어떤 행동 혹은 어떤 말을 하기에 인기가 있는 것일까? 그 점을 관찰하라. 당신에게도 그러한 모습이 있는가? 그런 습관을 개발해서 자연스럽게 표현할 수 있을까?

연습 8 "고마워하는" 습관을 길러라. 어제 하루 동안 얼마나 많은 사람이 나에게 도움을 주었는가? 그 사람들에게 고마움을 표시했던가? 가능한 한 자주 즐거운 하루, 즐거운 여행, 즐거운 주말을 보내라고 인사하라. "고맙다"고 말하는 횟수를 세어 보고 그 횟수를 늘려 가라.

연습 9   대화를 시작하라. "내가, 나를, 나의"라는 단어를 쓰지 않고 대화해 보라. 쉽지 않은 일일 것이다. 사실, 현실적으로 가능하지도 않다. 하지만 이런 연습은 당신의 외향성을 기르고, 자신에게서 벗어나 타인의 말을 들을 줄 아는 사람이 되는데 도움이 된다.

연습 10 잠자리에 들기 전에 15분 정도, 오늘 하루에 다른 사람을 대할 때 어떤 실수나 잘못을 저질렀는지 생각해 보라. 너무 무심하지는 않았던가? 소홀하지는 않았는가? 격려의 말을 잊지는 않았는가? 그리고 내일부터 어떻게 해야 그런 실수를 반복하지 않을 수 있을까를 생각하라. 5분 더 시간을 내서 내일 "꼭 해야 할 일" 목록을 만들고, 실수하지 않는 방법들을 거기에 적어라. 하루종일 그 메모를 지니고 다니면서 시간마다 들여다보라. 원하던 바가 이루어졌으면 그 항목을 지워라. 그럼 실수가 줄어들 것이고 당신의 인품이 자랄 것이다. 당신은 아름다운 인품으로 나아가는 고속도로에 있게 될 것이다.

연습 11 사람이 많은 거리를 걸어 보라. 살짝 미소를 짓거나 기분 좋은 표정을 지으면서 당신을 바라보는 사람들의 표정을 살펴보라. 돌아오는 길에는 찌푸리거나 시무룩한 표정을 지으면서 반응을 살펴보라. 어떤 결과가 나타났는가? 그 경험으로 당신이 배운 점은 무엇인가?

연습 12 어떤 인격을 만들어야 할까? 어떻게 만들어야 할까? 이런 질문을 매일매일 자신에게 해 보라. 자신에게 질문하는 것이 곧 생각하는 것이다. 글로 써 볼 수 있으면 더욱 좋다. 새롭게 샘솟는 아이디어에 아마 놀라게 될 것이다.

연습 13 프랭클린 루스벨트는 파티나 모임에 참석할 때마다 자주 라이터를 빌려 달라고 사람들에게 부탁하곤 했다. 그럼 그 사람들은 집에 돌아가서 루스벨트 대통령도 평범한 사람이더라고, 자신이 그에게 라이터를 빌려주었다고 자랑을 했다. 이처럼 다른 사람을 기분 좋게 해 줄 만 한 방법을 생각하라. 자신만의 특별한 방법을 고안해 보라. 누구에게나 남과 다른 특별한 점이 있기 마련이다. 자신에게 어떤 특별함이 있는지 생각해서, 그 점을 이용하는 방법도 연구해 보라.

연습 14 철강회사의 사장 레슬리 브라운은 매일 아침 만나는 직원에게 시간이 몇 시인지 물어 보는 습관이 있었다. 그리고는 그 대답에 따라 시계를 맞추었다. 그에게 시간을 알려 준 직원은 하루종일 우쭐한 기분으로 일을 하고 집에 돌아가서 아내에게 이야기한다. "사장이 오늘 내 말대로 시계를 맞췄어." 그 직원은 중요한 존재가 된 느낌이었고 사장에게 친밀감도 느낄 수 있었다. 상대방에게 중요한 존재, 필요한 존재라는 느낌을 전하는 방법에 대해서 생각해 보라.

연습 15 어느 부부가 이사를 가게 되었는데 그 동네 사람들은 아주 조용하고 얌전하고 개인적인 성향을 지니고 있는 듯했다. 동네 사람들과 어울리지 못하는 아내에게 남편이 말했다. "앞치마와 얼굴에 밀가루를 범벅하고 옆집에 가서 밀가루 한 그릇만 빌려 달라고 해봐. 손님이 오기로 했는데 요리 재료가 떨어졌다고." 한 달이 지나기 전에 그들은 이웃과 함께 술 마시며 카드놀이를 하는 사이가 되었다. 당신의 경우에는 이런 기술을 어떻게 활용할 수 있을까?

연습 16 제니퍼라는 여성은 언제나 쾌활하고 명랑했다. 다른 사람들이 가라앉아 있을 때에도 친절하고 활발한 태도를 잃지 않았다. 그 비결을 그녀는 이렇게 설명했다. "언젠가 목사님이 충고해 주셨어요. 시무룩해 있지 말고 기운을 내라고요. 행복의 공책을 만들어서, 매일매일 기분 좋은 일들을 적어 보라고요. 그렇게 해보았더니 정말 효과가 나타났어요. 이제는 그것이 습관이 되어 저에게 명랑한 성격을 길러 주었어요. 되도록 즐겁고 좋은 일들을 찾아보게 되고, 더 친절한 행동들을 하게 되었어요. 전 이 습관을 평생 잃지 않을 거예요." 당신도 이렇게 해 보면 어떨까? 일기장이나 공책에 기분 좋은 일들을 적어 보라. 즐거웠던 일, 어려웠지만 해낼 수 있었던 일, 가슴에 와 닿았던 말, 감동적이었던 글귀……. 찾으려 하면 하루에 한 가지씩은 찾을 수 있을 것이다. 그리고 기분이 울적할 때 그 내용을 읽어라. 그 글이 당신의 기분을 밝게 해줄 것이다.

연습 17 당신보다 어려운 사람들을 찾아가라. 그럼으로써 우리의 인생에 균형이 맞춰진다. 또한 우리가 받은 축복에 감사할 수도 있다. 훌륭한 인격을 갖춘 사람들은 불행한 사람들에게도 관심을 쏟는다.

연습 18 내가 어느 레스토랑에 갔을 때, 다른 웨이터들이 한가한데도 유독 한 웨이터에게만 고객이 몰리는 것을 알게 되었다. 언뜻 보기에는 그리 특별해 보이는 사람이 아니었다. 얼굴도 평범하고 거의 글을 읽지 못하는 문맹에다 스포츠나 다른 것에 대해서도 알지 못했다. 나는 몇 번에 거쳐서 그를 지켜본 후에 그 이유를 파악할 수 있었다. 그는 손님들이 하는 말을 하나도 빠짐없이 잘 들어주었다. 무슨 이야기를 해도 놀랍다는 듯이 "그게 정말입니까?" "맙소사, 설마요." "농담이시겠죠." "굉장하군요." 등의 다양한 표현으로 반응을 보였다. 그에게 달리 가진 것이 없었다 해도, 그는 가장 중요한 점을 알고 있었다. 상대방을 존중해 주는 태도와 표현이었다. 당신도 한번 시도해 보라.

연습 19 미소 짓는 시간을 가져라. 바쁠 때는 보통 그 작업에 집중하느라 인상을 찌푸리게 되지만, 그럴 때라도 즐거운 미소를 유지하려고 의식적으로 노력해야 한다. 서 있을 때든, 앉아 있을 때든, 걸을 때든, 손을 뻗을 때든, 생각을 할 때든, 의식적인 노력이 도움이 된다. 그래도 인상이 찌푸려진다면 세 번쯤 심호흡을 하라. 즐겁지 않아도 즐거운 것처럼 행동하면 금세 즐거운 기분이 찾아온다.

〉〉〉 좋은 출발

좋은 습관을 만드는 지름길은 하나밖에 없다. 행동으로 익히는 방법이다. 하지만 한 번의 행동으로 습관을 만들 수는 없다. 무의식적으로 우러나올 때까지 계속 연습해야 한다. 인격을 개발하는 일이라면 더욱 그렇다.

그러므로 프랭클린이 했던 방법을 사용해 보라. 그가 한번에 13가지 습관을 모두 개발하려 했을 때는 10년 동안 성공을 거두지 못하였지만, 한 번에 하나씩 연습하는 방법을 채택하자 2년 만에 모든 습관을 터득했다. 그 방법이 아니었다면 다른 성공도 이루지 못했을 것이라고 강조했다. 한 번에 하나씩 연습하라.

당신의 앞길에도 행운이 있을 것이다.

● ● ●

다음의 프로그램 10에서는, 생각하는 법을 알아보기로 하자. 생각하는 법은 학교에서 가르쳐 주지 않는다. 학교에서는 무엇을 생각할 지에 대해서만 이야기할 뿐이다. 하지만 방법을 모르는 상태로 운에 맡겼다가는 우연한 결과를 낳을 수밖에 없다. 우리는 우연한 결과보다 분명한 결과를 얻을 수 있어야 한다.

학교에서는 생각해야 할 '것'을 가르쳐 줄 뿐, 생각하는 '방법'을 가르쳐 주지는 않는다. 생각하는 '방법'을 운에 맡기고 결과도 운에 맡겨 버린, 그래서 에디슨이 이런 말을 한 것일까? "대부분의 사람들은 생각하는 노동을 피하기 위해서라면 무슨 짓이든 한다."

program 10
효율적인 사고, 정확한 결단력

대부분의 사람들이 실패하는 가장 근본적인 이유는 목표를 세우는 데 실패했기 때문이다. 그들이 목표를 세우지 못하는 이유는? 세상 모든 일 중에서 결정하는 일이 제일 어렵기 때문이다. 커다란 일을 하는 데에는 작은 힘이 들지만, 커다란 결정을 하는 데에는 커다란 힘이 들어간다. 그리고 목표를 결정히는 것은 우리의 전 인생에 영향을 미치는 커다란 결정이다. 그렇다면 왜 결정하는 것이 힘든 일일까? 정확한 결정에는 힘든 작업이 요구되기 때문이다.

〉〉〉 생각하는 것은 힘든 일이다

에디슨은 30년간 작업실에서 같이 일한 사람들을 지켜본 후에 이렇게 말했다. "대부분의 사람들은 생각하는 노력을 피하기 위해서라면 거의 무슨 짓이든 한다. 생각하는 일이 그만큼 힘들기 때문이다."

로버트 허친스 Robert Hutchins, 시카고 대학 총장
"교육이란 우리에게 생각하는 방법을 가르쳐 주고 생각하도록 자극해야만 유익한 것이다."

앨버트 슈바이처 Albert Schweitzer
이 세상의 무엇이 잘못되었느냐는 질문에 대하여 "사람들이 충분하게 생각지를 않는다."

코넌트 Conant, 하버드 대학 총장
"일반 대중보다 더 많은 생각을 하지 않으면 일반 대중보다 더 많은 것을 이룰 수도 없다."

헨리 포드
"나는 하나의 프로젝트를 추진하다가 3백만 달러를 손해 본 적이 있었다. 그 일에 대해서 30분만 더 생각했더라도 피할 수 있는 일이었다. 몇 년 후에 또다시 3억5천만 달러를 손해 보았다. 똑같은 이유로."

존 듀이
"생각이란 질문에 대한 대답의 또 다른 방식이다."

윌리엄 제임스

"나는 무언가를 철저하게 이해하고 싶을 때마다, 질문을 해본다. 다른 사람에게가 아니라 나 자신에게. 질문은 단순한 말보다 더 깊은 곳까지 파헤친다. 말보다 열 배쯤 더 많은 생각을 이끌어 낸다."

베이컨

"질문으로 파고드는 사람은 이미 그 문제의 해답을 반쯤 얻는 것과 같다."

나폴레옹

"'어떻게' '왜' 라는 질문이 나에게 어려운 문제의 해답을 알려 준다."

이 위대한 사상가들의 말처럼, 무작정 생각하는 것보다는 질문에 대답하는 편이 훨씬 쉽다. 3살 정도부터 우리는 우리에게 향하는 질문에 대답하려고 노력해 왔다. 우리 자신에 대한 질문이든 남에 대한 질문이든, 그 질문에 대한 대답을 생각해 봐야 한다는 느낌을 지니고 있다.

그렇다면 어떤 질문을 할 것인가? 우선은 12가지 질문이 기본이 된다. 그 질문을 바탕으로 생각이 깨어날 수 있게 시작할 수 있다. 하지만 창조적인 사고를 위해서는 질문이 아니라 명령 방식을 선택했다.

>>> 생각의 기본

무엇을?
누가?
언제?
어디서?
왜?
어떻게?   관찰력과 일상적인 생각의 속도를 증가시키기 위해서
원인은?
결과는?
비슷한 점은?
다른 점은?
과거는?
미래는?

비교하라
결합시켜라
연합시켜라
재정비하라   창조적인 사고를 자극하기 위해서
대체해 보라
글로 적어라

이 12가지 질문과 6가지 명령은 생각의 촉진제다. 우리의 정신을 집중하게 해준다. 그 주제에 대해서 모든 것을 관찰하고 생각해 보라고, 다른 각도에서 접근해 보라고 촉구한다.

〉〉〉 실제 사용법

농업협동조합 조합원이 자신의 단체를 소개하는 글을 써야 한다. 그럴 경우, 어렵게 생각할 필요 없이 생각의 기본을 짚어 나가면서 작성하면 된다. 예를 들어 보자.

무엇을?	우리 단체는 펜실베이니아 농부들의 모임이다.
누가?	돌레스 타운에서 운전해 갈 수 있는 거리 내의 농부들을 조합원으로 한다.
언제?	1927년에 시작되었다.
어디서?	펜실베이니아 돌레스 타운에 본부가 있다.
왜?	농업 시장과 판매에 대한 새로운 아이디어를 교환하기 위해서다.
어떻게?	상호 토론 방식으로.
원인은?	몇몇 농부들의 야망과 호기심으로 탄생했다.
결과는?	새로운 아이디어들을 배우고 교환했다.
비슷한 점은?	어느 면에서 로터리클럽과 유사성이 있다.
다른 점은?	농부들만을 위한 모임이라는 차이점이 있다.

과거는?	1927년 전에는 존재하지 않았다.
미래는?	두 배로 조합원이 늘어날 것이다.

비교하라	낙농업계와 비교해 보면 어떨까?
결합시켜라	비슷한 협동조합과 연대할 가능성도 생각할 수 있다.
연합시켜라	다른 조합과 아이디어를 교환할 수 있다.
재정비하라	그 어떤 조합에도 가입하지 않은 농부들을 모을 수 있다.
대체해 보라	더 커다란 조합에서 성공했던 아이디어들을 검토해 볼 수 있다.
글로 적어라	무궁무진한 아이디어를 생각해 낼 수 있다.

신문 기사들을 이런 질문에 따라 살펴보면, 당신의 집중력이 좋아지는 것은 물론이고, 기억력과 관찰력도 크게 증진된다. 나의 경우에는 체스터 교사들의 임금 인상 파업 건을 검토해 보았다.

무엇을?	파업이다.
누가?	교사들이.
언제?	1968년 9월.
어디서?	펜실베이니아 체스터에서.
왜?	임금 인상과 다른 상황의 개선을 위해서.
어떻게?	학교를 이탈했다.

원인은?	현재의 근무조건에 대한 불만족 때문.
결과는?	아이들은 수업을 받지 못하고, 교사는 임금을 받지 못하고, 부모들은 화가 났다.
비슷한 점은?	최근에 비슷한 파업들이 일어났다.
다른 점은?	다른 업계의 파업에서는 평화롭게 해결되었다.
과거는?	이 지역에서 교사들의 파업이 일어난 적은 없었다.
미래는?	불법 처리되어 구속되거나 협상이 이루어질 것이다.

비교하라	다른 파업들과 같은 해결방법을 모색해 볼 수 있다.
결합시켜라	필라델피아 주 교사연합이나 노동단체와 연대할 수 있다.
연합시켜라	가정 교습, 지역단위의 자체 학교를 만들 수 있다.
재정비하라	다른 지역의 교사들을 모을 수 있다.
대체해 보라	다른 업계의 분쟁해결 방식들을 사용해 볼 수 있다.
글로 적어라	얼마든지 아이디어를 생각해 낼 수 있다.

처음부터 정확하게 대답해야 한다는 부담은 갖지 말라. 대답보다는 질문이 더 중요하다. 질문을 통해서 생각할 수가 있다. 그 질문이 당신의 뇌세포를 훈련시킨다.

신문기사를 검토해 본 다음에는 사물에 적용해 볼 수 있을 것이다. 오토바이, 비행기, 원자폭탄 등. 그 후에 전쟁이나 평화, 민주주의, 박애주의와 같이 추상적인 주제로 범위를 넓혀 나갈 수 있다. 비행기를 예로 들어 본다면 다음과 같다.

무엇을?	날아다니는 탈 것.
누가?	처음엔 라이트 형제. 조종사들이.
언제?	1903년 조작 가능하게 만들어졌다.
어디서?	키티 호크 에서. 이젠 세계 각지를 날아다닌다.
왜?	빠른 운송과 운반을 위해서.
어떻게?	커다란 프로펠러로.
원인은?	호기심, 생각, 실험으로 생겨났다.
결과는?	많다, 운송 속도가 빨라졌다, 시간이 절약된다, 장거리 여행이 가능해졌다 등.
비슷한 점은?	전화 통신과 비슷하다.
다른 점은?	속도 면에서 보면 기차, 버스, 자동차가 비행기보다 느리다.
과거는?	1903년 전에는 없었다.
미래는?	더 크고 빠르고 정교하고 안전해질 것이다.
비교하라	기차 등의 다른 교통수단과 비교.
결합시켜라	콜택시, 기차 등의 다른 운송수단과 결합 가능성을 모색할 수 있다.
연합시켜라	다른 발명품들의 장점을 채택할 수 있다.
재정비하라	속달우편 등의 방법으로.
대체해 보라	제트기, 로켓 등으로.
글로 적어라	얼마든지 생각할 수 있다.

이렇게 여러 번 연습하다 보면, 그 주제의 핵심에 빠르게 접근해 갈 수가 있다. 게다가 자신의 무의식 속에 잠들어 있던 정보의 보고에 놀라게 되는 경우도 많다. 체계적인 생각을 거침으로써, 그 지식이 실제적인 효용성을 갖추게 되는 것이다.

사람들은 흔히 자신이 안다고 생각하는 것보다 더 많이 알고 있다. 일예로, 내가 석탄, 강천 등의 단어가 적힌 카드를 나눠 주면서 4분 동안 그 단어에 대해서 적어 보라고 했을 때 처음에 그들은 아는 것이 없다며 항의를 하지만 5분이 지난 후에는 시간이 너무 짧아서 아는 내용을 다 적지 못했다고 불평했다. 이렇듯 생각이라는 것은 시작하기만 하면 한도 끝도 없이 이어질 수 있는 속성을 지니고 있다.

어떤 주제에 대해서 정확히 알고 싶을 때, 어려운 문제를 해결하려 할 때, 까다로운 결정을 내려야 할 때, 자신에게 질문을 해보라. 그것이 문제를 해결하는 가장 쉽고 빠른 방법이다.

〈무엇? 누구? 어떻게? 왜? ……〉이 12가지 생각의 기본이 사고력과 관찰력을 자극하는 것처럼, 6개의 명령어도 창의력, 독창성, 상상력을 자극한다. 〈비교하라, 결합시켜라, 연합시켜라, 재정비하라, 대체해보라, 글로 적어라.〉 그 중에서도 두 번째 단어 '결합하라'가 가장 생산적이며 가장 광범위한 영향력을 지닌 단어다.

우리 시대의 새로운 아이디어나 발명들 중에서 기존의 아이디어나 개념이 포함되지 않고 이루어진 것은 없다. 모두 기존의 아이디어가 또 다른 아이디어와 결합하여 이루어진 것이다.

완벽하게 새로운 아이디어란 없다. 연필은 속이 빈 나무 조각과 흑연 조각의 결합이었고 ^(나중에 고무 조각이 지우개로 첨가되었다), 비행기는 움직이는 자동차^(기존의 아이디어)와 프로펠러^(또 다른 기존의 아이디어)가 결합된 것이었다. 역사상의 어떤 발명품이나 아이디어를 조사해 보아도, 기존의 아이디어와 또 다른 아이디어가 결합되었을 뿐임을 알 수 있을 것이다.

〉〉〉 까다로운 문제가 있을 때

질문하고 결합하는 방식으로 해결이 가능한 문제들도 있지만, 그보다 더 까다로운 문제들도 있다. 그 까다로운 문제를 해결해야 할 때에는 글로 적는 방법, 생각의 기분에 포함된 마지막 명령어^(글로 적어라)를 활용해야 한다.

문제의 등급은 정신적인 노력의 측면에서 둘로 나눌 수 있다. 하나는 간단한 정신력이 필요한 쉬운 문제들이다. 산수 문제로 비교하자면 2 곱하기 3과 같은 수준의 인생의 문제들이다. 갈색 정장을 입을 때 갈색 넥타이를 매야 할까 푸른색을 매야 할까? 이런 것들은 연필과 공책 없이 머릿속의 생각만으로 해결할 수 있다.

두 번째는 보다 높은 정신력— 글로 쓰는 방식 — 을 요구하는 까다로운 문제들이다. 산수 문제로 비교하자면 857,646 곱하기 967,854처럼 6자리 숫자 곱셈이고, 삶의 문제로는 커다란 빌딩 짓기, 자신의 숨겨진 재능 찾기 등 신이 우리 모두에게 심어 놓은 위대함의 씨앗 찾기와 같은 문제들이다.

여섯 자리 숫자를 곱하려면 종이와 연필이 필요하다. 그 이유는?

문제를 다 풀 때까지 숫자들을 머릿속에 담아둘 수 없기 때문이다.

"숫자 계산이 나의 문제와 무슨 관계가 있다는 건가? 내가 풀어야 할 문제는 수치가 아니라 사건과 사람과 생각들이 포함된 복잡한 문제들이다."라고 반박하는 사람도 있을 것이다. 바로 여기에 문제의 핵심이 있다.

사람들은 산수 문제이든 인생의 문제이든 똑같은 원칙이 작용한다는 점을 좀처럼 믿으려 하지 않는다. 복잡한 계산을 할 때는 그 숫자를 오랫동안 머리에 담아 둘 수 없다는 사실을 인정하면 서도, 정신적인 활동에는 뭔가 다를 것이라고 생각한다. 하지만 생각을 종이에 쓰게 되면 그것이 우리의 생각을 좀 더 명확하고 확실하게 만들어 준다. 그 문제의 진정한 가치, 다른 요소와의 관계를 정확하게 평가할 수도 있다.

우리의 머리는 정확성에 있어서 한두 단계만을 앞서갈 수 있을 뿐이다. 그런데 흔히 어려운 문제들은 두 단계 이상의 생각을 필요로 한다. 그러니 가장 안전한 길은 종이와 연필을 활용하는 것이다.

첫 번째 단계를 종이에 적어 두면, 첫 단계를 기억하는 데 매달릴 필요 없이 두 번째 단계를 생각할 수 있다. 두 번째 단계를 써 두고 나면, 세 번째 단계나 그 이상까지도 자유롭게 생각을 전진 시킬 수 있다.

종이와 연필의 도움을 빌으면, 몇 시간이나 며칠 동안 해결할 수 없었던 문제들을 몇 분 안에 풀 수 있다. 2,748,518 곱하기 5,897,649를 종이와 연필 없이 풀 수 있는가? 여덟 시간을 준다고 해도 아마 힘들 것이다. 하지만 종이와 연필을 사용하면 몇 분 안에 해결이 된다. 이와 똑같은 원칙이 인생에서 접하게 되는 까다로운 문제들에도 적용이 된다.

〉〉〉 스위치를 켜라

수치는 항상 정확하고 분명하다. 하지만 인생의 문제는 복잡하고 애매하고 변화무쌍하다. 정확하고 분명한 숫자 문제조차 생각만으로 해결할 수가 없는데, 어떻게 분명하지도 않고 정확치도 않은 인생의 문제를 종이와 연필 없이 해결할 수 있겠는가?

생각의 과정을 글쓰기의 과정으로 바꿔 보면 놀라운 결과가 나타난다. 당신의 능력을 두 배 이상 증가시킬 수 있다. 지금 당장 시험해 보라. 종이 한 장을 찢어서 당신의 우울한 기분을 묘사해보라. 그럼 그 기분은 정리가 되고, 보다 밝은 면들을 찾아보게 될 것이다.

당신의 무의식 깊은 곳에 거대한 힘과 아이디어의 보고가 숨어있다. 글이라는 방식으로 스위치를 켜서 그 생각의 흐름을 시작해 주기만 하면 된다. 글로써 스위치를 켜기만 하면 된다. 소리 없는 생각이 그 역할을 해 줄 거라고 기대하지 말라. 두 개의 전선이 만나야 전기를 만들어 낼 수 있듯이, 종이와 연필이 만나야만 아이디어의 스위치를 켤 수 있다.

유익한 아이디어를 끝없이 퍼 올릴 수 있는 도구가 글쓰기다. 평범한 현재를 특별한 미래로 만들고자 할 때에도, 가장 확실하고 빠른 방법이 글쓰기다.

하나의 아이디어를 썼다고 해서 다른 아이디어가 죽어 버리는가?

아니다. 오히려 다른 아이디어들이 떠오른다. 기존의 아이디어를 비교하고 결합함으로써 새로운 아이디어들이 결합하고 정렬되기 때문이다. 아이디어를 많이 쓸수록 새로운 아이디어를 위한 공간이 더 많이 생긴다. 그러므로 글로 쓴 문장이 논리적이지 않을 지라도 글쓰기를 멈추지 말라.

무슨 일이든 처음 시도할 때에는 서툴기 마련이다. 처음 걷기와 말하기를 배울 때 제대로 되지 않는다고 포기해 버렸다면 지금 당신의 모습이 어떻게 되었겠는가? 포기는 누구라도 할 수 있다. 거기엔 노력이 필요치 않고 따라서 보상도 주어지지 않는다. 성공한 사람들이 성공한 이유는 실패자들이 하지 않으려는 일, 의지력이 부족했던 일들을 했기 때문이다. 하기 싫을 때 해야 할 일을 하는 의지력, 이것이 성공을 불러들인다.

기분 내킬 때까지 기다리지 말라. 스스로 기분을 내서 움직여라. 글로 적어 보아라. 그럼 행동할 기분이 생길 것이다. 가끔은 영감으로 글을 쓰게 되는 경우가 있다. 하지만 글로 인해서 영감이 생겨나는 경우가 열 배 더 많다. 에디슨의 말처럼 "천재는 1%의 영감과 99%의 노력으로 이루어진다."

>>> 아이디어의 촉진제

글로 쓴 단어가 또 다른 단어를 생각하게 한다. 그것을 종이에 적기만 한다면. 글로 쓴 문장이 또 다른 문장을 불러낸다. 그것을 종이에 적기만 한다면. 왜일까? 하나의 생각을 글로 써 두면 다른 생각으로 정신을 집중시킬 수 있기 때문이다. 하나의 생각이나 문장을 적어 봄으로써 무궁무진한 아이디어의 흐름이 시작된다. 생각이 점점 분명해지고 의미를 갖추어 논리적으로 변해간다.

글을 쓰면서 보내는 시간은 언제나 보상을 받게 될 것이다. 글쓰기는 까다로운 문제를 해결하는 유일한 방법이다. 당신이 필요할 때 새로운 아이디어를 얻어 내는 유일한 방법이다.

현실적인 인생의 문제들을 다룰 때, 대학의 졸업장보다도 글쓰기가 더 많은 일을 해 줄 수 있다. 이 마법의 도구를 사용하지 않는 사람은 목표로 가는 길을 일부러 가로막고 있는 것과 같다.

글쓰기만큼 빠르게 성공의 기회를 제공하는 방법이 없다. 매일 글을 쓰지 않고는 어느 분야에서도 자신의 능력을 최대한으로 발휘할 수 없다.

하지만 다른 어느 때보다, 자신을 찾으려 할 때, 이상적인 직업을 찾으려 할 때, 인생의 목표를 찾고자 할 때, 글쓰기가 가장 큰 보상을 해 줄 수 있다. 인생에서 원하는 것을 아직 알지 못한다면, 글을 써 보라.

〉〉〉 원활한 정신 활동을 위해서

생각의 기본은 평범한 생각과 관찰력을 증가시키는 최고의 기술이고, 글쓰기는 문제 해결과 새로운 아이디어 창출을 위한 최고의 방법이다.

글쓰기는 마음가짐과 태도를 형성해 줄 뿐만 아니라 의지력을 길러 준다. 글을 씀으로써 우리의 정신에 박차를 가할 수 있고, 현재의 편안함을 위해 더 커다란 보상을 미뤄 버리는 우리의 게으름을 깨뜨려 줄 수 있다. 글쓰기는 자기 훈련, 자기 계발과 자기 발전을 위한 최선의 도우미다.

신이 우리에게 심어 준 위대함의 씨앗을 찾아내면 성공하는 것은 그리 어렵지 않다. 글쓰기가 그 일을 가능하게 해 줄 것이다. 당신에게 숨겨진 풍부한 재능을 가르쳐 주고, 야망을 유지시켜 주고, 목적지를 제공하고, 당신이 그곳에 도착할 때까지 소망을 지속시킬 것이다. 좋아하지 않는 일을 할 수 있도록 당신을 자극하고, 그 행동을 할 수밖에 없게끔 다그칠 것이다.

크게 성공한 사람 100명 중에서 80명은 목표와 문제와 계획들을 인생의 초반부터 글로 적어 두었다. 역사적으로도 글쓰기를 습관으로 만들었던 사람들이 언제나 우리 사회의 엘리트였다. 지도자, 사상가, 발명가, 인류 발전의 선구자가 그들이다. 당신도 그들과 합류하는 것이 현명할 것이다.

● ● ●

프로그램 11은 끝없이 배워야 할 부분이다. 백 번을 읽는다 해도 전에 읽었을 때 보지 못했던 다른 점들을 발견하게 될 것이다. 읽을 때마다 당신을 새롭게 사로잡을 수 있는 집약된 지혜들이 담겨 있다.

위대한 사상가들이 남긴 가장 위대한 생각들이다. 그리고 더 중요한 것이, 그것을 당신의 것으로 흡수하는 방법이 있다.

program **11**

아름다운 지혜

유진 그레이스 [프로그램 2를 참고하라]가 특별한 야망이나 목적도 없는 평범한 직원에서 연봉 백만 달러의 사장으로 올라설 수 있었던 것은 슈왑 사장의 충고에 귀를 기울여 꾸준하게 실천했기 때문이었고, 벤자민 프랭클린이 미국의 위대한 인물로 성장했던 것도 두 개의 금언을 읽고 나서 실천할 수 있었기 때문이었다.

사람이 실패하는 이유는 머리나 능력이 부족해서가 아니라, 고단함을 견뎌 내는 인내심이나 성공이 요구하는 지루함을 극복하지 못하기 때문이다. 즉, 목표설정과 의지력의 부족 때문이다.

그래서 나는 성공을 위해 가장 필요한 것이 목표설정과 의지력 개발이라는 결론 하에, 그에 관련된 삶의 지혜들을 집약적으로 모아 보았다. 그것이 당신에게 영감과 감동이 되기를, 그리고 목표설정과 의지력 개발의 시발점이 되기를 바란다.

하지만 우선 반복의 중요성을 강조해야 할 필요가 있을 것이다. 반복만큼 훌륭한 선생님은 없다. 아래 나오는 두 가지 짤막한 이야기를 들어 보라.

1. 왜소하고 늙고 볼품없이 차려 입은 변호사가 법정에 들어섰다. 너무나 쇠약하고 초라해 보였으므로, 모두들 그의 상대편에 나와 있는 젊고 잘생긴 검사가 승리할 것이라고 예상했다. 그런데 결과는 그 늙은 변호사의 승리였다.

어떻게 된 일일까? 젊은 검사는 어이없는 표정으로 그에게 다가갔다. "누가 봐도 이 재판은 내가 이겨야 마땅했습니다. 그런데 어떻게 변호사님이 이길 수 있었던 거죠?" 늙은 변호사가 대답했다. "자네는 열한 가지 내용을 확실한 근거로 제시했네. 하지만 배심원들은 그것을 하나도 기억하지 못하네. 반면에 나는 한 가지 근거만 갖고 다른 표현으로 아홉 번을 반복했다네. 이 사건에서 이긴 것은 내가 아니라, 반복의 승리였다네, 젊은이."

2. 내가 다녔던 고등학교에는 매주 금요일마다 목사님들을 모시고 설교를 듣는 시간이 있었다. 약 20명 정도의 목사님이 우리 학교를 다녀가셨는데, 지금까지 내가 기억하는 사람은 글래이저 목사님 단 한 분뿐이다. 그분은 오실 때마다 똑같은 성경 구절을 인용했다. 고린도 후서 6장 13절. 나는 그 구절을 아직도 암송할 수 있으며,

글래이저 목사님을 유일하게 기억하고 있다. 이것은 반복의 힘 때문이다.

〉〉〉 반복과 반복적인 독서

이것이 위대함을 추구하는 가장 강력한 도구이자 목표에 도달하기 위한 비밀 병기다. 명심하라. 실패하는 사람들은 머리가 부족해서가 아니라, 목표설정과 인내력 개발이 부족해서라는 것을. 그리고 인내심과 끈기가 부족하기 때문이라는 것을.

현명한 글 속에 들어 있는 귀중한 메시지를 자신의 것으로 흡수해서 내면화하고, 그것을 습관으로 만들기 위해서는 반복이 중요하다. 책을 한번 읽으면 2주일이 지난 후에 단 2%만 기억을 한다. 일주일 후에 다시 읽으면 2주일 후에 6%를 기억한다. 그보다 더 자주 읽으면 읽을수록 더 많은 것을 기억할 수 있다. 게다가 읽으면 읽을수록 행동으로 옮길 가능성이 더욱 커진다.

또 하나 반복이 중요한 이유는, 사람들의 생각이 읽는 속도보다 두 배 빠르다는 사실이다. 1분에 150단어를 읽으면 1분에 300단어를 생각한다. 책을 읽는 동안 우리가 생각 한 부분은 다른 곳에서 배회하고 있다. 그래서 언제나 무언가를 놓치게 된다. 그 증기로, 앞의 두 페이지를 다시 읽어 보라. 전에 보지 못했던 내용이 눈에 들어올 것이다. 그러므로 모든 것을 얻기 위해서는 반복해야만 한다.

성직자들은 성서를 읽을 때마다 새로운 경험을 하게 된다고 고백한다. 결코 반복의 힘을 경시하지 말라. 좋은 내용일수록 여러 번 읽어야 비로소 내 것으로 만들 수 있다.

반복이 최고의 스승이긴 하지만, 시간이 많이 걸린다는 문제점도 있다. 그럴 경우에는 깊은 인상을 받은 부분에 밑줄을 그어서 시간을 절약할 수 있다. 전체를 다시 읽는 것보다 밑줄 친 내용을 다시 읽어 보는 것이 10배쯤 더 빠르다. 공책에 써 보는 것도 좋은 방법이다. 우리는 손으로 쓴 내용을 자신의 것으로 만들려는 경향이 있기 때문이다.

〉〉〉 세월의 지혜

시드니 스미스 Sidney Smith, 영국의 성직자
"작가는 우리에게 최대한의 지식을 주고 최소한의 시간을 가져감으로써 우리를 도와준다."

윌 듀랜트 Will Durant, 미국의 저술가, 철학자
"나는 책 한 권을 쓰기 위해서 500권의 책에서 자료를 모은다."

사무엘 존슨 Samuel Johnson, 영국의 사전편집자, 비평가
"한 권의 책을 쓰려는 사람은 소재를 찾아 도서관의 서적 반을 읽는다."

나 또한 이 작은 책을 쓰기 위해서 천 권 이상의 책을 읽었고, 20만개 이상의 경구들을 연구하고 비교했다. 그 후에는 '모든 사람들

에게 풍요로운 삶을 위해서 필요한 것이 무엇일까?'를 자문하며 취하고 버리는 과정을 수없이 반복했다. 성직자와 교육자, 심리학자, 백과사전 편집자들과 상의하며 인간이 가장 충족시키고 싶어하는 욕구를 알아보는 것도 빼놓을 수 없는 과정이었다.

최대 다수를 위한 최대의 선을 이루는 것이 나의 목표였으므로, 윤리나 도덕적인 기준에 조금이라도 미흡하거나 타인의 권리를 침해하는 부분은 단호하게 삭제했다. 자신이 원하는 일을 하거나 타인을 돕고자 할 때는 물론이고, 때로는 그것이 생과 사를 가를 수도 있다는 점을 간과할 수 없었다. 이 모든 과정을 거쳐서 탄생된 것이 여기에 제시된 세월의 지혜다.

이제 당신에게는 노력만이 남아 있다. 이 경구들을 읽고, 기억하고 실천하라. 하지만 읽고, 기억하고, 실천하는 것만으로는 충분치 않다. 당신에게 필요한 내용들을 습관으로 개조시켜야 한다. 이 소중한 내용들을 습관으로서 터득해야 한다. 위대한 정치가이자 발명가, 그리고 과학자이자 저술가였던 벤자민 프랭클린이 개발한 방법을 사용해서 말이다.

이 방법은 삶의 지혜를 습관으로 바꾸는 데 사용할 수도 있지만, 다른 습관이나 성격을 터득하려 할 때도 대단히 효과적이다. 특별히 원하는 기술이나 성격이 있는가? 그렇다면 이 방법을 사용해 보라. 기록적인 시간 내에 습득할 수 있을 것이다.

〉〉〉 힘을 기르는 열쇠

　프랭클린은 이 방법을 알아내기 전까지 하루하루 근근이 살아가는 인쇄공이었다. 하지만 그에게는 야망이 있었고, 역사책과 자서전을 즐겨 읽는 열성이 있었다.

　그는 위대한 사람들의 직업과 성격들을 연구했다. 그들이 특별히 소유하고 있었던 습관을 13가지 찾아낸 다음 그 습관들을 완벽하게 익히기로 결심했다. 자신이 아는 방법과 다른 사람들이 충고하는 방법들을 모조리 동원하며 열심히 노력했다. 그런데 10년이라는 세월 동안 피나는 노력을 거쳤음에도 여전히 그 습관들을 한 가지도 제대로 터득할 수가 없었다.

　그래서 거의 포기할 단계에 이르렀을 때, 그는 우연하게 현명한 금언 하나를 접하게 되었다. "위대해지려면 집중을 하라." "바로 이거야." 그는 깨달았다. "일주일에 한 가지씩 정신을 집중해야겠어." 그 후 얼마 지나지 않아 중국의 속담 하나가 그의 눈을 사로잡았다. "들으면 잊어버린다, 보면 기억한다, 실천하면 나의 것이 된다."

　프랭클린은 또 다시 깨달았다. "바로 이거야. 실천을 해야 돼. 연습이 필요해." 이제 그에게는 새로운 문제가 생겨났다. 13가지 습관을 하나하나 연습하려면 각기 다른 특별한 행동을 생각해야했던 것이다. 글쓰기의 힘을 알고 있었던 그는 각각의 습관을 자신의 말로 적어 보기 시작했다.

　글쓰기를 통하여 각각의 습관을 정확하게 규명하고 문제점을 파악해 나갔다. 자신의 머릿속에서 100% 분명해질 때까지 이 과정을 계속했다. 그런 다음, 자신의 머릿속에서 100% 명확해질 때까지 행동해야 할 방법에 대해서 쓰고 또 쓰는 과정을 계속했다.

이렇듯, 시기적절했던 경구 두 개가 그에게 새로운 프로그램을 만들어 주었고, 그의 인생을 완전하게 바꿔 주었다. 단순한 글이 이처럼 위대하고 엄청나며 신기한 위력을 지니고 있다!

〉〉〉 일주일의 놀라운 발전

그는 새로운 프로그램으로 첫 번째 습관을 연습하기 시작했다. 이 방법이 10년간 해 보았던 방법보다 일주일만에 더 많은 발전을 가져다주었다. 다음 주에는 두 번째 습관에 똑같은 방식을 채택했고, 세 번째, 네 번째…… 열세 번째 습관까지 계속했다.

13주 만에 그는 놀라운 발전을 이룩했다. 이젠 그것이 재미있는 게임이 되어, 영구적인 습관으로 자리 잡기 시작했다. 그는 여기서 만족하지 않았다. 이 13가지 습관을 완벽하게 터득하고 싶어 했다.

13주 동안에 그런 발전을 이루었다면, 다시 한 번 했을 때는 두 배로 발전하지 않겠는가? 그는 그 과정을 다시 반복했다. 세 번, 네 번,…… 그렇게 1년이 흘렀다. 그런 다음 1년 더 그 과정을 연습했다.

2년이 지났을 즈음, 그는 개인적인 성장과 명성을 붙잡을 수가 있었다. 마법의 손길이 닿는 것처럼 말이다. 그는 이루고자 하는 모든 것의 대가가 되었다. 이 방법을 사용하려면 연구와 생각이 필요하다. 그리고 힘겨운 노력도 필요하다.

위대해 지려면 정신을 집중하라. 한 번에 하나씩 정신을 집중하라. 스탈린은 조금씩 공산주의 이념을 침투시켜 세계를 공산주의화했고, 존 L. 루이스John L. Lewis, 미국의 노동운동 지도자도 정부와 자본가들에게서 하나씩 소득을 얻어 냄으로써 노동계에 공헌했다.

>>> 지혜의 글

* 신의 창조물들 중에서 오직 인간만이 자신을 더 나은 모습으로 변화시킬 수 있다.

* 수백만이 약함에서 강함으로, 겁쟁이에서 영웅으로, 게으름뱅이에서 야심가로, 죄인에서 자선활동가로, 무익한 자에서 쓸모 있는 자로, 가난뱅이에서 부자로 자신을 바꾸었다.

* 우리는 생각과 태도와 행동을 바꿈으로써 우리 자신을 변화시킬 수 있다.

* 자신을 가장 쉽고 빠르게 바꾸는 방법은 높은 목표를 세워서 노력하는 것이다.

* 인생의 시계는 단 한번밖에 감기지 않으며,
어느 누구도
그 시계바늘이 멈추는 시기를 알지 못하노라.

그러므로 오늘 해야 할 일을 하라.
의지력으로 그 일을 하라.
내일로 미루지 말라, 그때는
당신의 손이 멈출 수도 있으니.

* 새벽의 가르침에 귀를 기울이라.

* 오늘을 바라보라, 그것이 생명, 인생의 정수이니.
  그 짧은 시간 속에 내 존재의 모든 가능성이 놓여 있구나.
  성장의 축복, 행복의 영광, 모험의 찬란함까지.
  어제는 꿈일 뿐이었고, 내일은 상상일 뿐이나
  제대로 산 오늘은, 모든 어제를 행복의 꿈으로 만든다.
  모든 내일을 기쁨과 희망의 상상으로 만든다.
  그러므로 이 날을 잘 보아라.
  바로 오늘을.

* 우리의 최악에 최선이 있으며 우리의 최선에 결함이 있으니,
  타인을 비난하는 것은 영리하지 못하다.

* 지금이 시작할 최상의 시간이다. 완벽한 시기를 기다린다면 기다림에 지쳐 버릴 것이다. 위대한 결정들은 완벽한 정보가 없는 상태에서 이루어졌다. 지금, 바로 지금 시작하라. 역사는 기다린 자들을 축하해 주지 않는다.

* 시작할 기분이 날 때까지 기다리지 말라, 마음이 생길 때까지 기다리지도 말라. 당신 스스로 기분을 만들라. 스스로 마음이 생기게 하라. 그 방법은 행동하는 것이다. 무엇이든 하라. 어떤 행동이든 하라. 영감은 좀처럼 행동을 유발하지 않는다. 하지만 행동은 항상 영감을 불러일으킨다.

* 지금 행동하자는 습관이 미미한 존재를 거물로 변모시켰다. 뭐든지 미루자는 습관이 병약함, 능력 부족, 가난과 기회 부족보다 더 많은 사람들을 후퇴시켰다.

* 시간을 허비하는 모든 유혹에 대항하여 자신의 결의에 굳게 매달리는 사람을 보는 것보다 더 멋진 광경은 없다.

* 웃음은 가장 값이 싼 여행이자 강장제다. 웃음은 피의 흐름을 원활하게 하고, 가슴을 운동시키고, 신경을 자극하고, 슬픔과 두려움과 분노를 쫓아내고, 친구를 얻어내며, 우울증을 치료하고 정화작용을 한다.

* 매일 자신에게 물어 보라. "어떻게 하면 이 일을 더 빠르게, 더 저렴하게, 더 낫게, 더 쉽게 할 수 있을까?"

* 삶이 노래처럼 흐를 때 유쾌해지기란 쉽다, 하지만 훌륭한 사람은 모든 일이 잘못되었을 때에도 미소 지을 줄 안다.

* 하나의 주제를 선택하여 10분 동안 말해 보라. 그것이 사고력, 집중력, 관찰력, 기억력, 의지력, 게다가 유창한 말솜씨까지 개발시켜 준다.

* 날카로운 말은 날카로운 칼보다 더 깊이 찌른다.

* 목소리를 높이면 위력이 줄어든다. 작은 사람은 크게 이야기한다. 큰 사람들은 크게 듣는다.

* 상냥하고 예의 바른 거절은 무례한 승낙보다 덜 상처를 준다.

* 사람을 믿으면, 믿지 못할 때보다 실수가 더 적어진다.

* 강한 신념은 "할 수 있다"를 불러낸다. "할 수 있다"는 "하는 방법"을 불러낸다.

* 발이 삐끗하면 금방 회복되지만, 혀가 삐끗하면 영원히 지속될 수도 있다.

* 아무리 눈먼 상님이라도 타인의 결점은 확실하게 본다.

* 아무리 바쁠 때라도 다른 사람에게 갖춰야 할 예의는 있다. 항상 의무를 다할 수는 없지만, 언제나 친절하게 말할 수는 있다.

* 우리의 모습이 너무 크게 말하여 우리의 말을 잠재운다.

* 제일 어려운 일은 두 가지다. 위로 올라가는 것과 사람들을 밟고 내려오는 것이다.

* 진정한 친구는 우리의 결점을 모두 알면서도 우리의 모습을 받아들이는 사람이다.

* 자신의 미덕에 대해서, 다른 사람의 결점에 대해서 말하지 말라.

* 타협은 가장 저렴하고 능력 있는 변호사다. 타협이 소송보다 낫다. 타협으로 이루어진 계약은 지속된다. 힘으로 맺어진 계약은 지속되지 않는다.

* 사람들을 제대로 도와주려면, 당신의 부를 나누지 말고 그것을 스스로 찾아내도록 도와주어라.

* 행복을 얻고자 한다면, 행복을 나눠주어라.

* 불가능한 꿈을 꾸어라. 꿈을 꾸는 것으로 그 일을 가능하게 만들 수 있다.

* 끊임없는 투쟁이 끊임없는 발전을 이룬다.

* 직업을 구할 때에는 다소 벅찰 것 같은 직업을 구하라. 이에 두 가지 이유가 있다. 첫째, 시도해 보기 전에는 당신이 무슨 일을 할 수 있는지 모르기 때문에. 둘째, 새로운 일과 어려운 일을 할 때 성장할 수 있기 때문에.

* 사람들은 생각하려는 노력보다 책 읽으려는 노력을 더 많이 한다. 생각하기보다 읽기가 더 쉽기 때문이다. 생각하는 일은 힘겨운 작업이다.

* H. L. 맨켄^{Mencken, 미국의 저술가, 비평가}
 "독서는 단지 흡수하는 것, 안으로 들여오는 것이다. 생각은 창조하는 것, 밖으로 내보내는 것이다."

* 빨리 발전하고 싶은가? 불필요한 것들을 잘라 버려라. 꼭 필요한 일에 시간과 노력을 모두 쏟아 부어라. 꾸물거림과 게으름을 잘라 버려라.

* 강한 확신은 그 일을 끝내도록 자극한다. 큰 일을 하고 싶다면, 작은 일없이 하라.

* 게으름이라는 악마를 조심하라. 당신을 편안한 의자로, 소문으로, 빈둥거림으로, 텔레비전 앞으로, 기타 생각 없는 사람들의 흥밋거리로 유혹하기 위해 호시탐탐 기회를 노리고 있다.

* 일^{work}은 행운의 오른손이다. 저축은 행운의 왼손이다. 행운의 협력자가 되어라.

* 성공에는 무수한 훈련이 포함된다. 내부적으로 훈련하지 않으면, 외부에서 강제적으로 닥칠 것이다. 자녀에게 남겨 줄 수 있는 선물이 단 하나뿐이라면, 스스로 훈련하게 하라. 훈련이 없으면 성공을 맞아들일 수 없다, 강제로 성공을 쥐어 준다 해도 말이다.

* 많은 사람이 모든 재능을 사용하기 위해 필요한 한 가지 능력을 개발하지 않는다. 그것은 의지력이다.

* 내일을 위한 최고의 준비는 오늘 할 일을 최대한 잘 해내는 것이다.

* 황금률 "남에게 대접받고자 하는 대로 남을 대접하라"은 희생이 아니라, 투자다.

* 우리 모두에게는 개발되기를 기다리는 잠재력이 있다.

* 자연에는 우리가 발견해 주길 기다리는 힘들이 많다. 우리는 이제 겨우 발견의 항해를 시작했을 뿐이다.

* 우리를 바라보는 타인의 견해가 우리의 생각보다 더 정확하다.

* 아이젠하워 : "싫어하는 사람에 대한 생각으로 단 1분도 낭비하지 말라."

* 인내심 없는 사람은 얼마나 불쌍한가. 첫 시도에서는 좀처럼 성공하기 힘들 터인데.

* 일에서 얻는 가장 풍요로운 보상은 돈이 아니라, 그 일을 통하여 만들어지는 우리의 모습이다.

* 똑똑한 사람은 자기보다 현명한 사람을 알아내고 자기보다 더 똑똑한 사람에게 배운다.

* 더 나은 직장에서 일할 수 있는 사람이면 부분적으로 놀고 있는 사람이다.

* 목표를 지닌 사람에게는 하루가 짧다. 목표 없는 방랑자에게는 하루가 길다.

* 우리는 단 한번 살지만 제대로 산다면 한번으로 충분하다.

* 하루를 행복해지고 싶으면 파티를 열어라. 일주일을 행복해지고 싶다면 여행을 떠나라. 1년이 행복하길 바란다면 정원을 가꿔라. 평생을 행복해지고 싶다면 가치 있는 목표를 찾아라.

* 매일 아침 자신에게 말하라. "나는 오늘 무엇이든 개발할 것이다."라고. 성공한 사람들은 의식적으로 자기 계발을 추구한다.

* 계획하지 않는 것은 자신도 모르게 실패를 계획하는 것과 같다.

* 우리에겐 우리의 최선을 끌어내 줄 만한 누군가 혹은 무언가가 필요하다.

* 당신이 일하는 동안 당신을 만들어 줄 수 있는, 그런 직업을 찾아라.

* 억지로 하는 노력은 우리를 빨리 지치게 한다. 인생의 가장 큰 축복 중 하나는 자연스럽게 나의 일을 해내는 것이다.

* 모든 사람은 언젠가 자신의 작품을 감상하기 위하여 앉게 될 것이다. 70, 80세 때 그 파티를 즐겁게 바라볼 수 있도록 살라.

* 원대한 생각에 머물라. 높은 곳에 시선을 고정시켜라.

* 자신을 다루기 위해서는 머리를 사용하라, 남을 다루기 위해서는 마음을 사용하라.

* 용서보다 복수의 가격이 더 비싸다.

* 한 달간 타인의 관심을 얻으려 노력하는 것보다 10분간 타인에게 관심을 쏟는 것이 더 많은 친구를 사귀게 해준다.

* 취향의 문제라면 타인을 따라가라. 원칙의 문제라면 바위처럼 굳건하라.

* 친절, 상냥함, 쾌활함은 주름살과 어색함을 숨겨 준다, 흉함조차도.

* 인내심을 가져라. 당신과 똑같이 모두가 힘든 싸움을 하고 있다. 친절은 장님도 볼 수 있고 귀머거리도 들을 수 있는 언어다.

* 인생은 짧다, 우리는 시간을 낭비해서 그것을 더 짧게 만들고 있다.

* 당신의 일에서 행복을 얻어라, 그렇지 않으면 행복이 무엇인지 결코 알지 못하리라.

* 자신의 천직을 찾아낸 사람은 축복을 받았도다. 그에게 더 이상의 축복을 물어 보지 말라.

* 남을 헐뜯는 행동은 자신을 칭찬하기 위한 부정직하고 보잘것없는 방법이다.

* 먼저 공격하는 사람은 자신의 생각이 고갈되었음을 드러낸다.

* 위대한 정신은 아이디어를 이야기한다. 평범한 정신은 사건과 사실을 이야기한다. 왜소한 정신은 사람과 사물을 이야기한다.

* 대부분의 사람은 비판으로 도움 받는 것보다 칭찬으로 망하는 것을 더 좋아한다.

* 우리에게 가장 영향을 미치는 사람은 우리를 가장 믿어 주는 사람이다. 그 반대도 마찬가지다.

* 인간의 가장 기본적인 본능은 인정받고 싶은 갈망이다.

* 뉴턴 : "내가 남보다 더 멀리 내다볼 수 있었던 것은 거인의 어깨에 서 있었기 때문이다."

* 용기는 두려움의 소멸이 아니라 두려움의 정복을 뜻한다.

* 용서하면, 값비싼 분노의 비용과 값비싼 증오의 비용을 절약할 수 있다.

* 도전적인 어깨를 지닌 사람에게 이기려면 그의 등을 두드려 주어라.

* 노력 없이 성공하는 것보다 노력했다가 실패하는 것이 더 숭고하다. 결과는 같을지라도 사람은 같지 않다. 우리는 항상 승리보다 패배를 통하여 더 많이 성장한다.

* 당신의 앞에 있는 모든 문제를 없애 버리면 더 커다란 문제가 생길 것이다. 그것이 바로 권태다.

* 소심한 부탁은 이미 거절을 받아들인 것이다. 이미 승낙을 받은 것처럼 부탁하라.

* 당신이 처음 봤을 때의 세상보다 더 나은 상태로 세상을 떠나면 당신은 훌륭한 사람이다.

* 날씨로 하루를 판단하지 말라. 햇살은 기운을 북돋아 주고, 비는 양분을 제공해 주고, 바람은 활기를 전해 주며, 눈은 깨끗함, 우박은 격려를 준다. 무엇이든 날씨가 없는 것보다는 낫다.

* 어떤 기술이든 쉬워지기 전에 어렵다. 하나의 기술을 터득하기 위해서는 먼저 그것의 노예가 되어야 한다.

* 정원사가 건강한 열매를 얻기 위해서 가지치기를 하는 것처럼, 우리도 우리의 재능이 분산되지 않도록 한두 개에 정신을 집중해야 한다.

* 훈련은 아무 것도 아닌 사람을 누군가로 만들어 주는 성질을 지니고 있다.

* 모든 일에는 피할 수 없는 잔일들이 있다. 육체노동을 한다고 해서 품위가 떨어지지는 않는다. 지친 신경에는 육체노동이 특효약이다. 근심이 생기면 머리를 덜 사용하고 근육을 더 사용하라.

* 단기적인 후퇴에 용기를 잃지 않기 위해서 장기적인 목표를 가져야 한다.

* 모든 것을 조금씩 잘하는 것보다 한 가지를 완벽하게 잘하는 것이 더 힘들다. 하지만 보상은 더 크다.

* 불필요한 소액 지출을 경계하라. 작은 구멍이 커다란 배를 침몰시킨다. 불필요한 지출이 많은 사람은 커다란 사업과 거대한 국가를 침몰시킨다.

* 절대 가난해지지 않겠다고 결심하라. 버는 것보다 더 쓰면 언제든 추락할 것이다. 가난은 우리에게 자유와 기회를 빼앗는다. 마음의 평화, 자존심, 타인에 대한 존중까지 앗아간다. 그리하여 대부분의 미덕을 행하기가 어렵거나 불가능해진다. 돈이 달래 줄 수 없는 슬픔은 매우 드물다.

* 자신이 성공할 수 있을지 알고 싶다면, 간단한 시험을 해 보라. 돈을 절약할 수 있는가? 그렇지 않다면 포기하라. 당신은 실패할 것이다. 저축을 대신할 만한 다른 습관들을 아무리 찾아보아도 없을 것이다. 성공의 씨앗이 당신의 내부에 없다. 하지만 강한 의지력과 노력으로 시간을 들인다면 그 씨앗을 개발할 수는 있을 것이다.

* 당신의 발전을 소득으로 측정하지 말라, 당신의 은행 통장으로 측정하라. 70, 80세가 되었을 때 거울 앞에 어떤 사람이 서 있을지 생각하라.

* 인생의 가장 풍성한 축복 중의 하나는 유쾌한 생각이다. 어떻게 해서든 유쾌한 생각을 하라.

* 죽기 전에 자신의 최고 능력을 발견하는 사람이 거의 없다니. 이 얼마나 안타까운 낭비인가.

* 차분하게 앉아서 당신이 인생에서 가장 원하는 한 가지를 결정하라. 어떤 사람이 되고 싶은가? 무엇을 하고 싶은가? 무엇을 소유하고 싶은가? 그 다음에는 그것을 적어라. 소망을 쓰는 것이 그 소망을 마법처럼 목표로 바꾸어 준다. 글로 쓰는 것이 목표를 현실로 개조시킨다. 글을 쓰는 1분이, 꿈을 꾸며 소망하며 그 일에 대해서 이야기하는 10년보다 더 많은 일을 한다.

* 목표를 글로 적어 보는 것만큼 인간을 크게 확장시킬 수 있는 것은 없다.

* 한번 실패한 농사가 농업 관련 서적보다 더 많은 것을 가르쳐 준다.

* 책에서 배우지 못하는 것은 경험으로 배워야 한다. 어느 쪽이 더 싸게 먹힐까?

* 당신이 평범하다면, 감사하라. 신은 '평범한' 사람 — '특별한 결단력과 의지를 개발한 평범한 사람 — 을 통하여 커다란 일을 이룬다. 의지력이 있어야 인간이다. 의지가 인간을 거인으로, 백만장자로 만든다.

* 실패하는 사람은 없다. 노력을 그만두는 사람이 있을 뿐이다. 위대한 사람들은 노력했다가 실패하더라도 다시 시도한다, 그리고 승리했다.

* 매일매일 투표가 벌어진다. 악마는 우리가 못한다는 쪽에 표를 던지고, 신은 우리가 해낼 수 있다는 쪽에 표를 던진다. 하지만 항상 결정적인 표를 던지는 것은 우리다.

* 우리는 늙지 않는다. 성장을 포기할 때 비로소 늙는다.

* 위대하거나 성공한 사람에게 항상 발견하게 될 한 가지는 그들은 항상 공부하고 있다는 것이다.

* 딱 한번 결정해야 할 일에는 두 배로 신중하여라. 신중함은 지혜의 스승이다. 두 번 생각한 후에 한번 보아라. 다시 한 번 살펴라. 별도의 비용은 들지 않는다.

* 승리자는 실패자가 마지막에 하는 일을 처음에 한다. 그것은 곧 다른 사람들에게 배우는 일이다.

* 성공하고 싶다면 성공한 사람들이 하는 일을 하라. 그들은 실패자들이 하기 싫어하는 일을 한다. 자신을 훈련시킨다. 훈련이 없는 인생은 살 가치가 없다.

* 자신의 일을 좋아하지 않으면, 잘못된 직업을 택한 것이다. 다른 직업을 찾아라.

* 우리는 우리의 행동으로 인하여 일어서거나 쓰러진다. 정상에 도착하려면 밑에서부터 최선을 다하라.

* 하릴없이 노는 것이 일하는 것보다 더 힘들다. 둘 다 시도해 본 사람에게 물어 보라. 가장 무거운 짐은 할 일이 아무 것도 없다는 점이다. 꼼짝 않고 서 있을 때 우리는 가장 피곤해진다.

* 슬로건 하나, "방법을 배워서 지금 하라."

* 성공은 무거운 짐이다. 하지만 실패만큼 무겁지는 않다.

* 당신의 생각을 조심하라, 생각이 곧 행동이 된다. 당신의 행동을 조심하라, 그것이 곧 습관이 된다. 당신의 습관을 조심하라. 그것이 당신의 성격, 직업, 재산을 규정한다.

* 대부분의 사람은 자신이 원하는 것을 쟁취할 수 있다, 하지만 자신이 원하는 것을 아는 사람이 드물다.

* 쉬기는 하되 중단하지는 말라. 태양도 밤이 되면 모습을 감추지만, 아침이 되면 언제나 다시 떠오른다. 태양이 솟을 때 우리의 영혼도 새롭게 태어난다.

* 우리는 모두 두 개의 직업을 갖고 있다. 하나는 먹고살기 위한 직업이고 또 하나는 더 크고 높은 일을 위해 준비하는 직업이다.

* 너무나 많은 사람들이 잘못된 직업을 갖고 있으며 그들도 그 점을 알고 있다. 그런데도 이제 와서 바꾸기에는 너무 늦었다며 체념하는 잘못된 생각을 한다.

* 살아갈 만한 이유를 만들라, 그럼 잘 살게 될 것이다.

* 내일 꼭 해야 할 일들을 적어 보는 일은 판단력, 기억력, 상상력, 효율성을 개발한다.

* 독서는 완성된 사람을 만들고, 연설은 준비된 사람을 만들고, 글쓰기는 정확한 사람을 만든다.

* 당신의 뒤에 올 사람은 당신으로 인해 더 좋아지거나 더 나빠질 것이다.

* 성공은 흔히 아이디어 하나 차이다. 자신에게 질문해 보라. 기존의 생각들을 비교하고 결합시켜라.

* 게으른 사람이나 목표가 없는 사람은 금세 자기 일이 지겨워진다.

* 너무나 많은 사람들이 자신에게 맞는 직업을 선택하는 대신 환경이 선택해 주는 대로 따를 뿐이다. 그래서 항상 우연한 결과를 얻을 뿐이다.

* 조금에 조금을 덧붙여서 자주 한 가지 일을 행한다면, 능숙해지거나 터득하거나 부자가 될 수 있을 것이다. 매일 조금씩 행한 훈련이 올림픽 우승자를 만든다. 매일 꾸준히 했던 연구가 과학자를 만든다. 매일 조금씩 한 저축이 백만장자를 만든다.

* 사람은 단추와 같다. 단추는 떨어지면 쓸모가 없고, 붙어 있으면 꼭 필요한 것이 된다. 사람도 목표에서 떨어져 있으면 쓸모가 없고, 목표에 붙어 있으면 꼭 필요한 존재가 된다.

* 가장 가난한 사람은 황금을 지니지 못한 사람이 아니라 목표를 지니지 못한 사람이다. 그에게 인생이란 아무런 의미가 없다. 그것은 살아갈 이유가 없기 때문이다.

* 열심히 일하기보다 똑똑하게 일하라. 그것이 당신에게 더 많은 보상을 해 주고, 더 많은 것을 이루게 해줄 것이다.

* 어떤 문제이든, 하물며 돈 문제라도, 해결의 열쇠는 아이디어이다.

* 에디슨 : "우리에게 가장 필요한 것은 생각해야 할 것을 배우는 것이 아니라, 생각하는 방법을 배우는 것이다."

* 되도록 자신보다 나은 사람들과 어울려라. 서로가 서로에게 동화되어 가지만, 아래쪽에 있는 사람이 더 유익을 얻는다.

* 성공하려면 다른 사람에게 "No"라고 말할 수 있어야 한다. 그러나 우리 자신에게는 더 결연하게 "No"라고 말할 수 있어야 한다.

* 정신을 훈련하는 방법과 책들이 수두룩하지만, 우리에게 진실로 필요한 것은 강한 의지와 목표다.

* 우리는 남과 비슷해지려는 고집으로 우리의 가장 큰 매력을 상실한다.

* 자신에게 말하라. "내가 있어야 할 자리는 맨 꼭대기이다."

* 해야 할 일을 해내는 것은 지식이 아닌 훈련이다. 훈련이 수완가를 만든다.

* 비난받기 싫다면 아무 일도 하지 말고, 아무 것도 하지 말고, 아무런 존재도 되지 마라. 그리고 아무 것도 기대하지 말라.

* 낯선 사람에게 먼저 말을 걸어라. 그것이 두 사람을 위한 교육이며 친구를 사귀는 방법이다.

* 열 사람이 무엇인가가 일어나기를 기다리는 동안, 한 사람은 그 무엇인가를 일어나도록 만든다. 그런데 열 사람은 그를 행운아라고 부른다. 물론 그는 운이 좋았다. 용기만한 행운이 없기 때문이다. 승리자는 남들이 잠들어 있을 때 힘들여 노력한다.

* 똑똑한 사장은 자기보다 더 똑똑한 직원들을 고용한다.

* 성공의 속도를 높이려면, 하루에 두 번씩 당신이 원하는 일을 2분간 생각하라. 이미 자신의 것이 되었다고 자신에게 말하라. 그것이 이미 이루어진 것처럼 상상하라.

* 당신에게 재능이 있다면 노력으로 그것을 개발할 수 있다. 재능이 없을 경우에는 목표가 재능을 만들어 낼 것이다.

* 성공 공식 : 입에 넣을 수 있는 것보다 더 많이 깨물어라, 그리고 씹어라. "할 수 있다"를 가진다면 그것이 "하는 방법"을 만들 것이다.

* 에버렛 헤일Everett Hale, 미국의 설교자, 저술가처럼 말하라. "나는 유일무이한 존재이다. 내가 비록 모든 일을 해낼 수 없다 해도, 그것은 내가 할 수 있는 몇 가지 일을 하는데 전혀 방해가 되지 않을 것이다."

* 자신의 달리기 실력을 자랑하던 개 한 마리가 있었다. 그런데 어느 날 그 개가 토끼를 쫓다가 잡지 못하고 놓쳐 버렸다. 다른 개들이 야유를 퍼붓자 그 개는 대답했다. "토끼는 목숨을 걸고 달렸어. 녀석에게는 동기가 있었어. 하지만 난 재미를 위해서 달렸을 뿐이야. 재미나 돈을 위해서 일할 때는 더 커다란 목표를 위해 일할 때보다 노력하지 않게 되는 법이지."

* 누구나 평생에 한번쯤, 인생을 바꾸어 줄 만한 말이나 사람을 만나게 된다.

* 성공한 사람들이 사용한 기술 — 몸의 긴장을 빼고 자신이 원하는 모습을 마음속으로 상상하라. 정신을 집중하라! 2분간 그 장면을 상상하라. 그 일을 하고 있는 자신, 그런 존재가 되어 있는 자신, 그것을 소유한 자신이 눈에 선명하게 보이도록 상상하라.

* 당신에게 꿈이 있다면 중요한 것을 모두 가졌다. 당신에게 꿈이 없다면 생각보다 이미 뒤쳐져 있다. 꿈을 가져라.

당신은 이제 프로그램 1부터 11까지 읽는 과정을 거쳤고, 당신에게 영감을 줄 수 있는 현명한 글귀들도 읽었다. 이제부터 당신의 진짜 공부와 노력이 시작되어야 한다. 눈으로 보았던 소중한 메시지를 자신의 것으로 만들어 가는 과정이 필요하다.

〉〉〉 습관이 되게 하려면

내가 장담하건대, 1년 동안 하루에 한 시간씩 이 책에 있는 지시사항을 읽고 연습한다면 당신은 위대해질 수 있다. 이것은 내가 당신에게 하는 약속이다.

물론 쉽지 않은 과정이긴 하다. 부단한 노력이 필요할 테고, 어떤 과정은 지루하고 단조롭고 고되기도 할 것이다. 하지만 명심하라. 고된 과정이 없는 책이라면, 읽을 가치도 없는 책이다. 조만간 당신의 모든 노력이 100배 더 큰 보상을 받을 것이며, 그 풍성한 보상으로 남은 평생 즐기게 될 것이다.

〉〉〉 시작

메모 용지 한 묶음과 그 카드를 보관할 파일부터 준비하라.

스텝1

프로그램 1로 돌아가라. 이번에는 그냥 읽지 말고 공부하듯이 읽어라. 그런 다음 내용에 대해서 생각하라. 자신에게 질문해 보라. 일주일 동안 그 프로그램에서 언급한 두 가지 행동을 실행하라. 일주일이 끝날 무렵, 메모지 한 장에 적어라. '오늘 하루 돌아보기', '내일의 목표 세우기'. 이 종이를 당신의 파일에 1번으로 넣어 두어라.

스텝2

파일에 1번 종이를 넣어 둔 그날, 프로그램 2를 공부하라. 그 내용에 대해서 생각하라. 스스로 질문해 보라. 이번 주에는 그 프로그램에서 제안한 10가지 목록을 만들어라. 유진 그레이스의 목록 작성이 그의 인생을 어떻게 변화시켰는지를 기억하라. 그레이스는 이 '목록 만들기'가 자신의 정신을 훈련시켰다고 말했다. 그것이 성공을 위해 가장 중요한 두 가지 습관, 목표설정과 의지력을 개발해 주었다.

자신이 시작한 일을 끝내고 나면 자신감이 생긴다. 판단력, 관찰력, 기억력, 결단력, 인내심, 지적인 능력을 개발할 뿐만 아니라, 새로운 희망과 목적과 방향을 찾을 수 있다.

이 둘째 주에는 목록에 적은 항목들을 연습하려 하거나 시도하지 말라. 10가지 목록을 작성하는 것만으로도 일주일 동안 할 수 있는 충분한 양이다. 둘째 주가 끝날 때 다른 메모지에 적어라. 목록 작성. 이 종이를 2번으로 써서 파일을 넣어 두어라.

스텝3

2번 메모지를 파일에 넣은 그날, 프로그램 3을 공부하라. 그 내용을 생각하고 스스로에게 질문해 보라. 이제 프랭클린이 했던 행동을 하라. 무엇이 이 프로그램에서 가장 귀중한 메시지인지를 결정하라.

그 메시지를 글로 적어라. 당신에게 가장 귀중하거나 쓸모 있거나 중요하거나 실용적인 메시지를 적어 보는 것이다. 메시지를 규정하기 어렵다고 해도 실망하지 말라. 어려운 문제를 해결하는 최고의 방법이 글로 써 보는 것임을 기억하라.

정확하게 규명될 때까지 계속 글로 써 보라. 이제 한 단계 더 나아가서, 그 메시지를 습관으로 바꾸기 위한 실천 방법을 생각해 보라. 여기서 결정된 행동을 3번 메모지에 적어라. 일주일 동안 이 메모지를 갖고 다니면서 기억을 상기시켜라. 그리고 일주일 동안 매일매일 이 행동을 연습하라. 일주일이 끝나면 파일에 3번 메모지를 넣어라.

스텝4

3번 메모지를 파일에 넣은 날, 프로그램 4를 공부하라. 그 내용을 생각하고 스스로에게 질문해 보라. 이 프로그램에서 제일 가치 있다고 _{혹은 중요하다고} 생각되는 메시지를 결정해서 그 내용을 4번 메모지에 적어라.

이제 한 단계 더 나아가서, 그 메시지를 나의 습관으로 바꿀만한 실천 방법이 있는지를 생각하라. 여기서 결정된 행동을 4번 메모지에 적어라. 그 메모지를 일주일 동안 가지고 다니면서 행동으로 실천하라. 일주일 동안의 실천이 끝나면 4번 메모지를 파일에 넣어라.

스텝5

4번 메모지를 파일에 넣을 날, 프로그램 5를 공부하라. 그 내용을 생각해 보고 스스로 자문해 보라. 여기서 가장 가치 있는 메시지가 무엇인지 결정하라. 그 점을 5번 메모지에 적어라. 이제 그 행동을 습관으로 바꾸기 위한 — 자신의 것으로 만들기 위한 — 행동을 생각해 보라. 그 행동을 같은 메모지에 적어라. 일주일 동안 항상 지니고 다니면서 행동으로 실천하라. 일주일이 끝나면 5번 메모지를 파일에 넣어라.

이런 단계를 프로그램 6, 7, 8, 9, 10에 계속 적용하라.

11번째 일주일 동안에는, 프로그램 11에 쓰여 있는 금언 하나를 선택하라. 당신의 마음에 끌리는 것으로 선택하라. 지금까지 해 왔던 것처럼, 그 금언을 생각하고 공부하고 자신에게 질문도 해 보라. 그 금언이 당신에게 주는 가장 유익한 메시지가 무엇일지 결정하라. 그 점을 11번 메모지에 적어라.

스텝12

이제 그 금언의 메시지를 습관으로 바꾸기 위해 실행할 만한 행동을 생각해 보라. 이 행동을 같은 메모지에 적어라. 메모지를 지니고 다니면서 일주일 동안 매일 연습하라. 이제 이 11번 메모지를 파일에 넣어라.

스텝13

11번 메모지를 파일에 넣은 날, 프로그램 11에 있는 다른 금언 하나를 선택하라. 그것을 공부하면서 생각해 보고 스스로 질문해 보라. 그 금언에서 가장 쓸모 있는 메시지가 무엇인지 결정하라. 그 내용을 다른 메모지에 적어라.

스텝14

이 금언의 메시지를 습관으로 바꾸기 위해 실행할 만한 행동을 생각하라. 이 행동을 같은 메모지에 적어라. 이것을 일주일 동안 지니고 다니면서 매일 그 행동을 연습하라. 일주일이 끝나면 12번으로 써서 파일에 넣어라.

스텝15

12번 메모지를 파일에 넣을 날, 프로그램 11에 있는 다른 금언을 하나 선택하라. 그것을 공부하고 생각해 보고 자신에게 질문해 보라. 그 금언의 가장 유익한 내용이 무엇인지 결정하고, 그 점을 다른 메모지에 적어라.

스텝16

이 금언의 중요한 메시지를 습관으로 바꿀 만한 행동을 생각하라. 이 행동을 같은 메모지에 적어라. 일주일 동안 메모지를 지니고 다니면서 그 행동을 연습하라. 일주일이 끝나면 13번으로 번호를 매겨서 파일에 넣어라.

이제 당신은 프로그램 1부터 10까지, 그리고 프로그램11의 금언까지 세 가지를 공부하고 연습했다. 효율적으로 정확하게 결정하는 법을 배운 것이다. 프로그램 12로 들어갈 준비가 된 것이라고 볼 수도 있다.

프로그램 12는 직업 안내 부분이다. 지금 당신이 자신에게 가장 잘 맞는 일을 하고 있는지에 대해서 알아보게 될 것이다. 자신에게 물어 보라. '지금 내가 하는 일이 행복한가? 달리 하고 싶은 일이 있는가? 내가 그 일을 할 수 있을까?' 이 외에도 자신의 나이, 교육, 가정, 자녀, 집, 친구 등을 포함시켜서 자신에게 되도록 많은 질문을 하라. 주위의 친지와 친구들에게도 물어 보라. 전혀 새로운 직업과 환경이 필요하다면, 당신이 원하는 직종이나 환경에 있는 사람들에게 물어 보는 것도 중요하다.

하지만 그보다 먼저, 당신에게는 아직 위대함에 다가가기 위해 공부해야 할 금언들이 더 남아 있다. 그러므로 1년 동안 프로그램11에 쓰여 있는 금언들을 하나씩 꾸준하게 같은 길을 걸으며 그들의 태도를 받아들이게 될 것이다. 그들의 습관 몇 가지를 내면화하여, 그들의 위대함이 당신의 내부에 스며들게 될 것이다.

벤자민 프랭클린도 13가지 성공의 습관들을 2년간 익힌 후에 위대한 인물로 성장했다. 당신이 굳이 위대한 사람이 되길 바라지 않는다 해도, 금언들을 익히고 나면 인생에서 가장 원하는 것을 획득하는 방법이 저절로 찾아온다. 더 많은 금언을 익혀 나갈수록 당신은 역대 위인들에게 더 가까이 갈 수 있으며, 그들의 위대함을 더 많이 흡수하고 내면화할 수 있다.

당신 앞에 어떤 문제가 닥치든 간에 — 정신적인 문제이든, 육체적인 문제이든, 경제적인 문제이든 — 제일 먼저 현자들의 글을 읽어 보라. 당신의 문제가 해결될 것이다.

● ● ●

마지막 프로그램 12에서는, 찾을 가치가 있는 단 한 가지 — 당신에게 숨겨진 재능 — 신이 우리 각자에게 심어 주신 위대한 씨앗을 찾는 방법에 대해서 알아보기로 하자. 자연이 당신을 위해 예비한 일을 알고 나면 당신은 더욱 강해질 것이다.

자신에게 숨어 있었던 재능 – 신이 우리 모두에게 하나씩 심어 준 위대함의 씨앗들을 찾아내는 방법이다. 삶의 가장 첫 번째 과제는 자연이 우리에게 예비해 둔 것을 파악하는 일이다.

program **12**

찾아낼 가치가 있는 단 한 가지

이번이 마지막 프로그램이며, 가장 어려운 단계이다. "어렵다"는 단어에 겁먹지 말라. 당신은 8자리 곱셈을 해내는 것과 똑같은 방식으로 — 종이에 쓰는 방식으로 — 확실하게 이 문제를 해결할 수 있다.

직업은 당신의 인생에서 커다란 부분을 차지한다. 제대로 보상받을 수 있는 직업, 장기적인 만족감, 소득, 성취감, 특권, 기타 당신이 바라는 것들을 최상으로 끌어 줄 수 있는 직업을 선택해야 한다.

* 목표가 없으면 이리저리 헤매 다닐 뿐 어디에도 도달할 수 없다.

* 목표가 너무 많으면, 에너지가 여러 곳으로 분산되어 이 또한 어디에도 도달할 수 없다.

* 자신의 능력이 미치지 못하는 목표를 추구하면, 좌절감에 빠져서 또한 어디에도 도달하지 못한다.

* 자신의 능력보다 낮은 목표를 선택하면 지루해져서 어디에도 도달하지 못한다.

* 너무 장기적인 목표를 선택하면 너무 오래 끌다가 어디에도 도달하지 못한다.

* 너무 단기적인 목표를 선택하면 허둥대다가 어디에도 도달하지 못한다.

* 당신에게 맞는 직업을 찾기 위해서 들이는 시간과 노력이 가장 유익한 투자이다.

〉〉〉 한 번의 시도는 해답을 주지 못한다

일이 너무 어려워서 실패하는 사람은 별로 없다. 그 일을 위해 필요한 단조로움과 고됨을 극복하지 못할 뿐이다. 과정 없이는 승리도 없다. 노력 없이는 성취도 없다. 그것을 피하려 하지 말라.

열정 없이 이루어진 위대함은 없으며, 고된 작업과 지루함 없이는 성취되는 위대함도 없다. 어려움이 아닌 고된 작업이 대부분의 사람을 실패하게 만드는 진짜 악마이다.

지금 우리의 주위에는 30세의 사람들이 나이가 많다고 포기하는 일들을 50세가 넘은 사람들이 매진하고 있다. 어떤 직업을 찾아야 할지 모르겠다고 상의하는 사람들에게 나는 한결같이 이야기한다. "자신을 찾는 데 도움이 되는 일이라면 무엇이든 하십시오." 거기에 쏟아 붓는 돈이나 시간은 낭비가 아니다. 한 번의 시도가 해답을 주지 못했더라도, 당신을 한 단계 위로 올려줄 수는 있다. 한번 생각해보라. "나 자신을 찾는 데 도움이 되지도 않을 일들을 위해 나는 지금껏 얼마의 시간과 돈을 낭비했는가?"

하지만 현실적으로 생각할 필요도 있다. 당신이 할 수 있는 일을 목표로 삼아야 한다. 기술이나 능력을 지니지도 못한 일에 매달려 봤자 아무 소용이 없다. 6개월 안에 정상의 자리에 오르겠다고 허황되게 기대했다가 비참해지는 사람들이 지금도 수백만에 이른다. 낙천성을 갖되 바보가 되지는 말라. 실현 가능한 곳을 겨냥하라.

시도했다가 실패하는 것이 아무런 시도 없이 성공하는 것보다 당신을 위해서 더 유익하다. 그리고 경험으로 실수하는 것보다는 글로써 실수하는 것이 훨씬 낫다. 경험은 당신의 수년을 잡아먹을 수도 있다.

자신에게 어울리지도 않는 자신을 만들려는 노력은 허영일 뿐이다. 그것이 실패와 좌절의 원인이다. 판사, 의사라는 소위 '잘나가는' 직업들은 많은 사람에게 큰 피해를 입혔다. 부모들이 자녀를 억지로 그 직업에 밀어 넣으려고 했기 때문이다. 단지 '잘나가는' 직업이라는 이유만으로 말이다.

그들이 기술자나 정비공이었다면 더 행복하고 충만한 인생을 살았을지도 모르는 일이다. 자신이 좋아하는 일, 최상의 능력을 발휘할 수 있는 일을 찾아야 한다. 그리고 진짜 자신의 모습을 찾는 일이 그보다 선행되어야 한다.

〉〉〉 자신을 찾기 위한 프로그램

회사 사장이 중요한 임원을 뽑으려 할 때는 적성이나 시험을 거치지 않는다. 그 사람의 기록, 과거의 성취, 취향, 배경, 태도, 가치관 등의 두드러진 요소들을 살펴본다.

이것이 기본적으로 이 프로그램에서 사용되는 방법이다. 고대 로마시대부터 오늘날까지 역사적으로 모든 고용인들에게 사용되었던 방법이니, 수천 번의 테스트를 거쳤다고도 할 수 있을 것이다.

당신의 예전 직업, 성취, 기술, 선호도가 몇 분의 인터뷰나 시험성적보다 당신에 대해서 훨씬 더 많은 실마리를 제공한다. 당신이 의식하지 못하는 사소한 취향들조차 많은 내용을 말해 줄 수 있다.

당신의 과거에 미래를 알려주는 표지판이 있다. 당신이 과거에 했던 그 모든 일들 속에 당신의 재능과 소망과 취향이 숨어 있다. 그것을 연구해야 한다. 어떤 주제가 발휘되었고, 어떤 취향들이 포함되었는지를 파악하라. 다른 사람의 충고를 너무 깊이 받아들이지 말라. 그가 크게 성공한 사람이라 해도 당신에게는 그의 방법이 어울리지 않을 수도 있기 때문이다.

자신의 과거를 캐내는 것은 금광을 발굴하는 것과 같다. 그곳에서 당신을 정상으로 쏘아 올려 줄 맥을 찾을 수 있을 것이다.

* 자신의 나이, 자본, 기술, 과거의 경력, 취향, 한계, 지능 지수, 성격 등을 모두 고려해야 한다. 전체적인 상황을 연구하지 않으면 가장 중요한 요소를 놓칠 위험이 있다.

* 육체적인 면, 정신적인 면, 성격적인 면, 경험, 기술, 능력도 당신의 개인적인 측면에서 고려하라.

다이아몬드의 땅을 기억하는가? 당신의 다이아몬드가 생각보다 더 가까운 곳에 있을지도 모른다.

외모 예찬론자들의 열광에 흔들리지 말라.

성공의 중요한 요인으로 외면적인 특색을 꼽는 사람들이 많지만 모두 쓰레기 같은 이야기일 뿐이다. 심리학자들이 강조하는 바에 의하면 성공을 위해서 세련된 웃음, 유창한 말솜씨, 하얗게 반짝이는 이, 반가운 악수가 필요하다고 한다. 하지만 링컨은 그러한 과대평가된 겉모습에 따끔한 일침을 놓았다. 젊은 학생이 그의 사무실에서 일하려고 찾아왔을 때 그는 말했다. "그렇게 번듯하게 차려입은 걸 보니 소양이 풍부하진 않은 모양이군."

역사적으로 위대한 사람들 중에는 은둔적이고 수줍음이 심했던 사람들이 꽤 있다. 버뱅크Burbank, 미국의 원예가, 식물 품종 개량가, 아인슈타인, 에디슨 등이 그 예다. 그들이 위대한 인물로 성장할 수 있었던 것은 자신을 잘 알고 있었기 때문이다. 외부적인 요소에 신경 쓰지 않고 자신의 내면에 정신을 집중했기 때문이다.

그리고 무엇보다 중요한 것은 다수의 선과 자신을 연합시키는 일이다. 사회 정의나 인류의 유익함에 조금이라도 의심이 생기는 직업과 목표는 단호하게 뿌리쳐야 한다. 그 일이 당신을 부자로 만들어 줄지라도 행복하게 만들지는 못할 것이다.

자신이 흥미를 갖고 있는 직업에 대해서 자문해 보라. "내가 자부심을 느낄 수 있는 일인가? 올바른 목적을 추구하는 일인가? 그 직업을 지닌 사람들은 어떠한가? 감탄의 대상이 될 말한가? 훗날 이 직업을 돌아볼 때 만족할 수 있을까?" '아니다' 라는 대답이 나온다면 두 번 다시 생각할 필요조차 없다.

위낙 천부적인 능력을 지녔기 때문에 타고난 배우, 타고난 세일즈맨, 타고난 정치가 등으로 불리는 사람들도 있긴 하지만, 우리의 나머지 94%에게는 그 재능을 열심히 파고 캐내는 과정이 필요하다.

그 재능은 언제나 우리 안에 들어 있었다. 그것을 찾아야 하는 중요성을 깨닫지 못하거나 그 방법을 몰랐던 탓에, 미처 찾아내지 못했을 뿐이다. 그래서 아직 진짜 자신을 찾아내지 못했던 것이다.

지금부터 그 단서를 찾아보기로 하자.

* 당신에게 신체적인 장애가 있는가, 시각적인 장애, 혹은 언어적인 장애, 혹은 신경적인 장애가 있는가?

* 소란스럽고 활동적인 공간에서 일하는 것을 좋아하는가? 아니면 조용한 환경을 좋아하는가? _____

* 앉아서 일하는 것을 좋아하는가, 서서 일하는 것, 아니면 돌아다니며 일하는 것을 좋아하는가? _____ 작업 시간이 불규칙할 경우에는 어떤가? _____ 쉽게 적응할 수 있는가? _____ 아니면 불편해 할까? _____

* 한 직장에서 계속 일하고 싶은가, 아니면 장소를 옮기며 일하고 싶은가? _____

* 소득보다 권위, 명예, 특권을 더 중요하게 여기는가? _____

* 쾌적한 환경과 사교적인 사람들이 당신에게 중요한 요소인가? 아니면 어떤 환경에서건 어떤 사람들과도 일할 수 있는가?
_____

* 새로운 사람과 만나는 것을 좋아하고 그런 일을 편하게 여기는가? 아니면 수줍음이 많고 조용한 타입인가? _____

* 자기 사업을 선호하는가, 아니면 직장인으로서 월급을 받는 것이 좋은가? _____ 타인을 위해 일하는 것을 행복하게 생각하는가? _____

책임감 있는 일을 좋아하는가? 그렇지 않다면 자기 사업을 하겠다고 나서지 말라.

자신이 관심을 갖고 있는 직업에 대해서 생각해보라. "그 일을 실제로 하게 되었을 때 정말로 좋아질까?" 수년간 하나의 목표를 위해 노력했다가 막상 그것을 이루고 난 후에는 생각했던 것과 다르다는 이유 때문에 실망하는 사람들이 꽤 많다. 아주 예쁜 장난감을 몹시도 갖고 싶어 했다가 그것을 손에 넣고 나면 흥미가 사라지는 식이다. 그러므로 당신의 모든 자산, 욕구, 한계, 기술, 선호도, 취향, 그리고 그 중에서도 성격을 고려해 보아야 한다.

이제 당신의 어린 시절을 되돌아보자.

* 제일 어렸을 때 기억나는 시기부터 10살이 되었을 때, 어떤 일이 있었는지를 생각해 보라. 특별히 좋았던 일은 무엇이었나? _____ 싫었던 일은? _____ 스포츠, 게임, 여행, 학교 과목, 친척 등등에 대해서는? _____

* 10살부터 15살까지의 기간을 생각해 보라. 특별한 일이 있었던가?(공부, 게임, 여행, 친구, 오락, 읽기, 보기 등에 대해서) _____ 싫어했던 일과 좋아했던 일, 싫어했던 활동과 좋아했던 활동들은 무엇이었나? _____

* 15살부터 20살 사이의 기간을 생각해 보라. 많은 사람들이 이 5년간의 시기에 가치관을 성립하게 된다. 잘 관찰하면 중요한 단서를 찾을 수 있을 것이다. 그 시기의 특이한 점은? _____ 특별히 좋아했던 과목은? _____ 싫어했던 과목은? _____ 특별 활동은? _____ 아르바이트는? _____ 특별히 즐겨 들었던 강좌가 있는가? _____

* 20살에서 25살 사이의 기간은 어떠했는가? 이미 했던 것과 같은 방식으로 그 시기를 돌아보라. 그 후에는 25살에서 30살, 이런 식으로 현재까지 거슬러서 생각해 보라.

아는 것은 힘이다. 자신에 대한 지식이라면 더욱 그렇다.

당신이 선호하는 직업들을 판단해 본 적이 있는가? 그래서 그것들을 종이에 쓴 적이 있는가? 다른 방법은 생각하지 말라. 875,487 곱하기 907,543을 종이에 써 보지 않고 어떻게 풀 수 있겠는가? 그나마 숫자는 정확하고 변함이 없다. 하지만 사람의 요소들은 정확하지 않고 게다가 변하기까지 한다. 자신의 욕구와 능력, 가능성, 한계, 경험 등 자신을 찾는 데 필요한 요소들을 머릿속으로 정리하기란 쉬운 일이 아니다. 그러므로 서둘러서 글로 쓰는 방법을 선택하라.

지금 수백만 명이 자신의 직업에 불만족스러워한다. 하지만 자신이 원하는 것을 글로 적어서 명확하게 규명하는 사람은 거의 없다. 종이에 적어 보면 두 가지 이점을 챙길 수 있다. 우선 무엇이 문제인지 명확하게 알 수 있다. 그리고 그에 관련된 행동을 취할 때까지 그 글이 끈질기게 우리의 생각을 자극한다.

찰리 클라크라는 젊은 친구가 나의 강연에 참석했을 때, 나는 그에게 질문을 하나 던졌다. "당신은 어떤 직업을 선택하고 싶습니까?" 그는 모르겠다고 대답했다. 그래서 내가 글로 써 보라고 제안했다. "하지만 뭘 써야 할지 전혀 생각이 나질 않아요." 나는 다시 말했다. "생각나는 것을 되는 대로 적어 보세요." 그래서 그는 이렇게 썼다.

"나는 써야 한다. 그런데 무엇을 써야 할까? 나의 문제는 나에게 맞는 직업을 찾는 것이다. 그것에 대해서 쓰는 것부터 시작해야 할 것 같다." 그는 열심히 계속 적어 내려갔다.

지금 그가 무엇을 하고 있을까? 대학에서 창의적인 사고를 강의하는 교수로 일하고 있다. 거기에다가 최근에는 브레인스토밍Brain-storming 문제 해결, 정보 수집, 창조적인 사고의 촉진, 아이디어 개발 등을 목적으로 그룹의 각 개인이 자유롭게 자신의 생각을 발표하는 회의 기술이라는 제목의 책까지 출판했다.

〉〉〉 자신을 찾아내는 열쇠

당신은 이제 막바지를 향해 달리고 있다. 메모지 한 묶음과 커다란 공책 한 권을 사라. 100페이지 이상 되는 공책이면 더욱 좋다. 그리고 지금부터 생각하고 써라. 망설이지 말라. 나에게 마법의 방법을 말해 달라고 요구하지 말라. 그런 것은 없다. 성공하려면, 생각하고 쓰는 이 과정에서 달아날 방법이 없다.

몽테뉴는 말했다. "나는 식사를 통하여 식욕을 얻는다. 글쓰기를 통하여 아이디어를 얻는다."

　표현이나 내용에 신경 쓰지 말고, 당신의 생각을 쓰는 일에만 집중하라. 하지만 무엇보다도 꼭 종이에 적어야 한다. 그렇지 않으면 자신을 속이게 될 것이다. 두 개의 전선이 만나야 전류가 흐르듯, 연필과 공책이 만나야만 아이디어가 흐를 수 있다. 그것이 아이디어의 흐름을 켜는 스위치다.

　아래 나열된 네 가지 단어 중에서 하나에 밑줄을 그어라. 당신에게 지금 가장 중요할 것 같은 단어를 찾아라.

　　　건강　　　　돈　　　　표현　　　　인정

생각해 보라. 왜 그것을 선택했는가?
　이제 제일 중요할 것 같지 않은 단어를 하나 지워라. 그 단어를 왜 지웠는지 대답할 수 있는가?
　다음에는 아래의 24가지 항목 중에서 지금 당신에게 가장 중요할 것 같은 세 가지에 밑줄을 그어라.

건강	마음의 평화	행복
자신감	용기	아이 낳기
가족	미래	직업적인 만족
자존심	재미	성격
모험	안락함	명예
경쟁	부모 되기	배우자 찾기

| 우정 | 놀기 | 장수 |
| 극기 | 안정 | 돈 |

당신이 밑줄 친 세 가지에서 공통적인 요소를 찾을 수 있는가?

이제 당신에게 비교적 중요치 않은 세 가지 항목을 지워라. 당신이 지운 세 항목에서 공통점을 찾을 수 있는가?

다음엔 아래 12가지 중에서 세 개를 선택하라. 당신이 최상의 능력을 끌어내는 데 도움이 될 수 있는 것, 잘 살 수 있는 데 도움이 될 만한 세 가지를 골라라.

1. 먹고 마시고 즐기기
2. 인생은 미래를 위한 준비과정이다.
3. 인생은 우연이다. 목표도 필요 없고 계획도 필요 없다.
4. 삶의 목적은 남을 돕는 것이다. 가치 없는 삶은 행복이 없다.
5. 인생의 목적을 아는 사람은 없다.
6. 모든 것은 미리 정해져 있다. 자기 운명을 바꿀 수는 없다.
7. 인간의 목표는 자기가 태어났던 날보다 세상을 더 낫게 변화시키는 것이다.
8. 삶에서 가장 큰 행복을 끌어내는 것이 인간의 의무다.
9. 인간은 자기 행운의 설계사다.
10. 인간은 부분적으로 자기 행운의 설계사다.
11. 삶의 목적은 성장이다.
12. 삶의 목적은 성취다.

이제 당신에게 가장 호소력이 없는 듯한 세 가지를 지워라.

1. 당신이 선택한 세 가지를 비교하고 결합해 보라. 어떤가, 비슷한 점이 있는가? 또한 공통적인 요소를 가지고 있는가?
   _____

2. 당신이 지웠던 세 가지를 비교하고 결합해 보라. 그 세 가지에 공통적인 요소나 유사한 점이 있는가? _____

3. 당신이 표시한 항목과 지운 항목 사이의 가장 큰 차이점은 무엇인가? _____ 중요한 차이점이 있는가?
   _____

이제 다음의 두 가지 질문에 글로써 대답하라.

1. 모든 직업이 똑같은 소득을 제공한다고 가정할 경우, 평생의 직업을 하나만 선택해야 한다면 어떤 것을 택하겠는가?
   _____

2. 경제력이 충분하거나 생계를 위해서 일할 필요가 없다면, 어떤 식으로 시간을 보내겠는가? _____

스스로에게 물어 보라.

* 지금부터 10년 후에 무엇을 하고 있기를 바라는가? _____

* 어디에 있고 싶은가? _____

* 어떤 직업에 종사하고 싶은가? _____

* 어느 정도의 소득을 얻고 싶은가? _____ 내가 실시한 조사에서 의하면 대개의 사람들이 현재 소득보다 세배 높은 액수를 만족하는 수준으로 대답했다. 당신은 어떤가?
_____

스스로에게 물어 보라.

* 5년 동안 얼마의 돈을 저축하고 싶은가? _____

* 어떤 자동차를 소유하고 싶은가? _____

* 어떤 집에 살고 싶은가? _____

* 다른 재산은 어떤 것을 갖고 싶은가? _____

* 취미생활은? _____ 실내용 취미를 좋아하는가, 야외용 취미를 좋아하는가? _____ 낚시, 보트 타기, 골프, 테니스, 볼링, 카드게임, 체스? _____ 내가 좋아하는 취미를 순서대로 적는다면, 1._____ 2._____ 3. _____ 4. _____ 아니면 자신이 바라는 직업을 갖지 못한 사람이나 목표가 없는 사람에게만 취미 생활이 필요한 것이라고 생각하는가? _____

* 내가 제일 먼저 읽는 신문의 면은? _____

* 여유 시간이 생겼을 때 제일 하고 싶은 일은? _____

* 어떤 영화를 좋아하는가? _____ 텔레비전 프로그램은? _____ 주로 읽는 책과 잡지의 종류는? _____ 내가 좋아하는 오락은? _____ 내가 좋아하는 대화의 주제는? _____

* 취미, 스포츠, 놀이, 여가생활, 직업 등의 이런 사항들 사이에 공통점이 있는지 찾아보라. 찾아냈는가?

* 무엇과 관련이 있는 것인가?(사람, 사물, 생각, 말, 숫자, 기타 요인들) _____

* 각각의 요인들에 대해서, 당신은 무엇을 좋아하는가?
　

* 무엇을 싫어하는가?

* 사람, 사물, 생각, 말, 숫자 등 어느 것과 관련된 것을 선호하는가?

* 파티에 가는 것보다 책읽기를 더 좋아하는가?

* 자신을 외향적이라고 생각하는가? 내향적이라고 생각하는가? 아니면 두 가지 성향을 모두 갖고 있는가?

* 당신은 눈으로, 귀로, 혹은 행동으로, 어떤 방법으로 더 많은 것을 배우는가?

당신에게 의미가 있는 작은 성취들을 종이에 적어 보라. 다른 사람들에게 의미가 있건 없건 상관이 없다. 종이에 적어야 할 의미 있는 성취에는 두 가지 요소가 포함되어야 한다.
1. 당신이 그 일을 하면서 즐거워했고, 편안하고 자연스러웠다.
2. 그것으로 인해 당신이 자랑스러워할 만한 일이 생겼다. 세상을 뒤흔들 만한 일이 아니라, 당신이 가치 있게 여기는 일을 뜻한다.

이것은 다른 누구도 아닌, 당신이 해야 할 일이다. 이 질문과 생각들은 당신의 욕구와 능력, 특별한 기술과 재능, 잠재력, 기존의 야망들을 돌이켜 보기 위한 도구다.

중요한 점이 발견되면, 당신이 전에 발견했던 것들과 비교하고 결합해 보라. 전에 이루었던 성취 중 두 개 이상을 골라서, 그 일을 이룰 수 있었던 습관이나 기술, 그리고 요소들을 분석해 보라.

나의 강좌에 참석한 사람들도 나에게 직접적인 해답을 듣게 되는 경우는 흔치 않았다. 그들이 어렸을 때부터 현제까지의 성취들을 글로 적은 후에, 결국 스스로 해답을 발견했다.

두 명의 경찰관이 나의 강좌에 참석한 적이 있었다. 앞에서 설명했던 방법으로 작업해 본 결과, 한 사람은 산림 감독원이라는 직업을 새로 찾았고, 다른 한 사람은 세일즈맨이 되었다. 그들은 현재의 직업에 만족하지는 않았지만, 자신이 야외 활동을 좋아한다는 공통적인 요소를 발견했다. 그 외에도 광고인, 간호사, 건축가 등 자신의 선호도를 파악하여 새로운 직업을 찾게 된 사람이 상당히 많다.

나는 한 번도 그들에게 대답해 준 적이 없다. 그들이 어린 시절부터 지금까지의 과정을 체계적으로 돌아봄으로써 스스로 자신에게 맞는 직업을 찾아냈다.

당신이 예전에 이루었던 성취, 최근에 이루었던 성취들을 적어 보라. 그것을 비교하고, 결합해 보라. 연합시켜 보라. 공통적인 요소를 찾아라.

그러한 성취를 이루기 위해서는 몇 가지 조건이 필요했을 것이다. 그리고 보통은 당신의 재주와 성격과 습관들이 관련되어 있을 것이다. 그 재주나 습관들을 연구해 보라. 당신만이 그 일을 할 수 있다. 당신이 즐거워하고 편안해 하고 자랑스럽게 느끼는 것이 무엇인지, 당신만이 알 수 있다. 다시 말하면, 당신만이 미래와 부의 열쇠를 쥐고 있다. 당신의 내면을 찾아보아라.

당신이 한 가지 재주를 갖고 있는데 그것만으로는 원하는 직업을 갖기에 충분치 않다면, 거기에 무엇을 참가할 수 있을지, 어떤 점을 응용할 수 있을지 생각하라.

자신이 잘하는 일을 알고 있는 사람은 드물다. 자신의 최고 능력을 파악하고 있는 사람은 더욱 드물다. 그 기술과 성취들을 종이에 써 내려가는 방법으로, 오랫동안 익혀진 기술과 성취들을 내면에서 진지하게 찾아보지 않고서는 그 일이 가능하지 않다.

글로써 연구해 보지 않는 한, 당신의 내면에 숨어 있는 위대한 가능성들을 알아낼 수가 없다. 무언가 작은 요소를 알아내게 되더라도 말로 하지 말라. 그것은 아무 소용이 없다. 글로써 충분히 탐구하라. 어떤 기술과 관심이 필요했던가? 그런 점들을 파고 들어가라. 그것이 당신에게 황금덩어리가 될 것이다.

평범한 사람들도 그들을 인정하고 개발하고 단련시키기 위한 계기를 기다리고 있는 순전한 황금의 맥을 지니고 있다. 당신이 발견한 내용을 약간 응용하거나 바꾸는 것이 엄청난 기회로 연결 될 수 있다.

세상에는 수만 가지 직종들이 있다. 다양하게 분리되고 세분화되어 있을 뿐만 아니라, 아직도 그 개발 가능성은 남아 있다. 그 직종들을 광범위하게 여섯 가지 범주로 나누어 보자.

1. 사물, 사람, 아이디어, 말, 숫자
2. 과학, 언어, 인간, 경제
3. 대화, 교육, 건설, 광고, 서비스
4. 제조, 회계, 서비스, 경영
5. 사업적, 기계적, 전문적, 대화적, 예술적
6. 농업, 성직, 상업, 서비스, 운송, 기계, 유흥

하나의 범주에 있는 항목이 다른 곳에서도 반복되고 있지만, 이것은 피할 수 없는 일이다. 여섯 가지 범주에서 각각 한 가지 항목에 밑줄을 그어라. 그 중에서 다른 것보다 당신이 더 선호하는 분야를 선택하라.

* 당신이 밑줄 친 여섯 항목을 비교해 보라. 어떤 기술들이 필요한가? 여섯 가지 항목에 공통점이 있는가? 그것이 무엇인가?
  _____

이제 여섯 가지 범주에서 각각 한 가지 항목씩을 지워라. 가장 관심이 덜 가거나 좋아하지 않는 것을 삭제하라.

당신이 지운 여섯 가지를 비교해 보라. 어떤 분야인가? 그것은 아

마도 당신에게 결여되어 있는 기술이 필요하거나 그다지 배우고 싶은 마음이 없는 분야일 것이다.

* 어떤가? 당신의 관심과 재능에 대한 실마리를 찾아냈는가?
_____

이젠, 아래 나열한 직업들을 살펴보자. 그것들을 읽고 생각해 보라. 각각 어떤 능력이 필요한가? 지금 당신이 몸담고 있는 직업이 있는가?

* 건축 / 군인 / 조종사 / 항공기 승무원
* 회계 / 경리 / 은행원 / 채권 중개인 / 구매담당 / 주식거래인 / 개인 비서 / 사무(회계)업무 대행 / 접수 계원 / 신용도 조사원 / 출납계원 / 투자 상담가
* 판매원 / 목수 / 가구제작자 / 오퍼레이터 / 통신원 / 수중탐사원 / 백댄서 / 탐정 / 안내원 / 생활 설계사
* 영양사 / 미용사 / 간호사
* 노동운동가(환경운동가, 시민운동가) / 박사(공학 박사, 문학 박사, 경제학 박사, 의학 박사 등등) / 스턴트맨 / 감독(영화감독, 촬영 감독, 음악 감독) / 스포츠 코치 / 스포츠 선수
* 엔지니어 / 전기공 / 조각가 / 편집자 / 카피라이터 / 디자이너 (광고 디자이너, 북 디자이너, 헤어 디자이너, 의상 디자이너) / 프로그래머 / 웹마스터 / 데이터 프로세서

* 공무원 / 가정교사 / 카운셀러 / 검열관 / 부동산 중개업자
* 농부 / 원예가 / 산림 관리원 / 공장장 / 어부 / 공장 근로자 / 주유소 주유원 / 정원사 / 자동차 정비사
* 매니저(펀드 매니저, 호텔 매니저, 연예인 매니저) / 방송PD / 네일 마스터 / 모델 / 배우(연극배우, 영화배우, 탤런트) / 성우 / 어릿광대
* 교사 / 강사 / 변호사 / 조경사 / 사서 / 화학자 / 성직자 / 아나운서 / 리포터 / 기자 / 통역사 / 번역가 / 작가(시나리오 작가, 방송구성 작가, 사진 작가, 소설가 등)
* 선교사 / 큐레이터 / 작곡가 / 작사가 / 성악가 / 가수 / 예술가 / 시인
* 사회사업가 / 공증인 / 의사(내과 의사, 외과 의사, 치과 의사, 정형외과 의사, 성형외과 의사, 피부과 의사, 이비인후과 의사, 비뇨기과 의사, 소아과 의사, 안과 의사) / 수의사
* 사진사 / 심리학자 / 출판업자 / 경찰 / 정치가 / 약사 / 연출가 / 감정가 / 변리사 / 감리사 / 법무사 / 검사 / 판사 / 헤드헌터 소매상 / 보석상 / 도매상
* 기계공 / 장의사 / 인쇄업자 / 속기사 / 측량기사 / 통계학자 / 무대연출가 / 재봉사 / 주차 단속원 / 청원 경찰 / 청소부 / 금은 세공업자 / 배관공 / 조사원 / 우체부 / 조합원 / 제재소 업자
* 여행사 가이드 / 박제사 / 식자공 / 재단사 / 전화 교환원 / 속기사 / 광부

이 중에서 열 개를 선택하라. 당신의 관심을 갖게 되는 직업을 택하라. 그것들을 비교하고 결합시켜 보라. 그 중에 공통점이 있는가? 공통적으로 발견되는 요소가 있는가? 당신이 잘하는 기술을 필요로 하는 것인가? 자신이 즐거울 수 있는 일인가? 그 직업상 필요한 기술과 의무를 자연스럽고 편안하게 수행할 수 있을까? 그 두세 가지 직업이나 두세 가지 직업의 일부 요소를 묶어서 지금 존재하지 않는 새 직업을 만들어 낼 수는 없을까?

생각하라, 비교하라, 결합시켜라, 연합시켜 보라, 개조하고 수정해 보라. 당신이 선호하는 열 가지 직업들을 붙이거나 재하거나 적용시켜라. 찰스 케터링(Charles Kettering, 미국의 발명가)이 좋아했던 방법도 "여기서 무언가를 더하거나 뺀다면, 또는 다른 것에 무엇인가를 적용시킨다면, 어떤 일이 생길까? 다른 분야에서 아이디어를 빌려 와 여기에 적용시키면 무슨 일이 일어날까?"라는 질문이었다. 제스 린턴도 포드 자동차 공장의 생산라인에서 아이디어를 빌려 와 자신의 레스토랑에 접목시켰다. 부엌에서 식당으로 빠르게 음식을 운반하는 방법을 개발해서 서비스의 속도를 높일 수 있었다.

이제 당신이 제일 관심 없어 하는 열 가지 직업을 지워라. 그것들을 비교하고 결합해 보면서 당신이 왜 그 직업을 지웠는지 생각해 보라. 당신에게 결합되어 있거나 습득하기 싫은 기술이 필요한 직업인가? 과거에 불쾌한 경험이 있었던 직업인가? 그 사이에 공통점이 있는가? 이러한 삭제의 과정을 통해서, 당신은 선택하지 말아야 할 직업을 찾게 될 것이다.

일단 자신이 원하는 것을 파악했다면, 당신이 소유하고 가장 훌륭한 기술 ^(혹은 성취) 들을 메모지에 적어라. 메모지 한 장에 하나씩. 그 후에는 그것들을 비교하고 결합시켜 보라. 메모지의 순서를 한 번에 하나씩 바꿔 가며 꼼꼼하게 비교하고 생각하라.

이것이 단조로운 과정이기는 하다. 하지만 행성이 궤도를 유지하는 것도, 세상이 매끄럽게 돌아가는 것도 단조로움에서 비롯된다. 그리고 그 단조로움과 권태, 지루함을 이겨 내는 능력이 에디슨, 포드, 링컨, 콘웰 등의 위인들과 다른 실패자들을 판가름했다.

이제는 선호하는 직업과 싫어하는 직업 리스트를 비교해 보아라. 한쪽에 주로 포함되어 있는 요소들이 있을 것이다.

야외 활동을 주로 하는 것인가, 실내 활동을 주로 하는 것인가? 앉아서 하는 일인가, 서서 하는 일인가? 돌아다니며 하는 일인가, 한 곳에서 하는 일인가? 인간관계가 필요한 일인가, 아이디어가 필요한 일인가? 기타 대화능력, 창조력, 환경이나 분위기, 동료, 당신의 신체적인 한계, 계획성, 대중성, 수입, 발전의 기회, 문제점, 성격, 지적인 능력, 지도력, 그 외의 말로 설명할 수 없는 감정까지 다양한 요소들을 검토해 보라. 그 중 어떤 요소가 포함되어 있는가? _____

나의 학생 마크 로버트도 이 연습 과정을 통하여 자신의 천직을 찾아냈다. 그가 선호하는 것으로 밑줄을 쳤던 직업은 조사원, 원예가, 농부, 어부, 조경사, 여행사 가이드, 산림 감독원이었다. 거기에 공통적으로 들어가 있는 요소는 그가 야외활동과 자연적인 환경을 좋아하고, 도전과 발전의 기회를 원하며, 육체적으로 움직이는 일을 선호한다는 것이었다. 그래서 결국 그는 산림 감독원이라는 직업을 선택했고, 지금 캘리포니아 주의 산림 감독원으로 행복하게 일하고 있다.

매일매일 당신의 파일에 들어 있는 메모지들을 들여다보라. 시간을 들여라. 비교하고 결합하라. 당신의 생각이 자유롭게 뛰어다닐 수 있도록 시간을 부여하라.

에디슨이 전기의 강한 열에 견딜 수 있는 필라멘트를 찾기 위하여 6,000번의 실험을 거쳤듯이, 당신이 커다란 가능성을 발견하기 위해서도 많은 시간과 노력이 필요하다. 그 가능성을 발견하기까지 몇 주일 혹은 몇 달간의 시간이 걸릴 수도 있다. 지칠 정도로 오랜 시간이 걸릴지도 모른다.

그렇다면 우리가 택할 수 있는 현명한 길은 절대 실패하지 않는 방법을 찾아보는 것이다.

그 방법이 무엇일까? 생각할 수 있는 모든 생각을 종이에 쓰는 것이다. "어떻게 해야 나에게 맞는 직업을 혹은 인생의 목표를 찾을 수 있을까? 제일 먼저 어떤 단계를 밟아야 할까?"

글로 쓰는 작업이 마법처럼 효과를 발휘한다. 그것이 당신의 생각들을 조리 있게 연결시켜 준다. 단순한 생각만으로 수년을 보내는 것보다 더 많은 일이 15분 동안의 글쓰기가 가져다줄 수 있다.

〉〉〉 헨리 포드가 창조적인 생각을 가르쳤던 방법

포드 V-8 엔진이 어떤 과정을 거쳐서 세상에 나오게 되었는지 아는가? 포드의 경쟁사들이 포드의 4기통 모델을 능가하는 6기통 엔진을 만들기 시작했다. 포드는 왠지 6기통 엔진이 마음에 들지 않았으므로 8기통 엔진을 만들기로 결심하고 엔지니어들에게 그 임무를 부여했다.

그들은 불가능한 일이라고 말했다. 포드는 그들을 되돌려 보내며 한 달 후까지 다시 방법을 생각해 오라고 요구했다. 한 달 후의 미팅에서도 그들은 그 일이 가능하지 않다는 말을 반복했다. 포드는 다시 그들에게 한 달의 시간을 주었고, 이런 일이 15개월 동안 계속되었다.

마침내 포드가 말했다. "그 일이 불가능할지는 모르지만, 나는 앞으로 15개월을 더 노력해 볼 생각이다. 자네들의 생각이 명확한 것 같지 않으니, 앞으로 미팅할 때에는 각자 'V-8 엔진을 디자인하려면 제일 먼저 어떤 단계를 밟아야 할까?'라는 주제로 보고서를 제출하기 바란다."

3주 뒤에 그들은 포드에게 다음 미팅을 3주 만 더 연기해 달라고 요청했다. 그들에게 해결의 단서가 생겼던 것이다. 그들은 그 주제에 대한 보고서를 가져오지 않았다. 그 대신 디자인을 만들어서 들고 왔다.

닭고기의 왕이라 불리는 프랭크 퍼듀도 이 방법을 사용했다. 그는 매주 월요일마다 14명의 임원들과 회의를 거쳐 사업의 전반적인 문제를 상의하곤 했는데, 어느 월요일 회의장에서 그가 한 가지 문제를 지적했다. "어째서 닭의 털들이 깨끗하게 뽑히지 않는 것입니까? 그 이유가 대체 뭔가요?"

책임자에게 질문하자, 그 남자가 몇 가지 이유를 대답했다. 프랭크는 말했다. "좋습니다, 다음 주 월요일에, 그리고 이 문제가 해결될 때까지 매주 월요일에 당신은 '닭털을 깨끗하게 뽑으려면 어떻게 해야 할까?'라는 문제에 대한 보고서를 지참하고 참석하세요." 그 남자는 보고서를 들고 오지 않았다. 왜 그랬을까? 다음 주 월요일이 되기 전에 그 털들을 깨끗하게 뽑아 낼 수 있었기 때문이다.

당신도 이 방법을 이용해 보라. 당신의 '불가능한' 문제들을 해결하기 위해 이 방법을 써 보라. 무의식을 살아 움직이게 하는 방법들은 자기 암시나 확신 등의 여러 가지가 있다. 하지만 불가능한 문제에는 글로 써 보는 것 만한 해결책이 없다.

어려운 문제를 푸는 것과 어려운 결정을 내리는 것 사이에는 차이가 있다. 여기서 프랭클린의 유명한 방법 한 가지를 알아보자.

복잡하거나 어려운 결단을 내려야 할 때, 종이의 가운데에 세로 줄을 하나 그어라. 그 왼쪽에는 'YES'라고 결정할 수 있는 이유들을 모두 적어라. 오른쪽에는 'NO'라고 결정할 수 있는 이유들을 모두 적어라. 두 개의 내용을 비교해 보라. 해결책이 당신에게 손짓을 하며 종이 밖으로 튀어나올 것이다.

두 개 이상의 직업에 관심이 생기는데 막상 하나를 결정할 수가 없을 때도, 이 방법을 활용할 수 있을 것이다.

축하한다! 당신은 진정한 투사로서 이 지루하고 어려운 프로그램을 끝마쳤다. 끝까지 견뎌 낸 당신은 인생을 정복할 수 있다. 이미 정복한 것이나 다름이 없다.

위대한 프랭클린이나 나의 강좌를 들은 수많은 제자들 모두 인생의 반 정도를 헤매며 버둥거렸다. 하지만 방법을 알고 난 후에, 갑자기, 자신의 진짜 모습을 찾아냈고 성공까지 일구어 냈다.

나의 제자들 중에서 지금 인류를 위해 다양한 활동을 하고 있는 사람들이 많다. 일례로, 캄벨 박사는 위대한 앨버트 슈바이처가 아프리카에 병원을 세웠던 것과 비슷하게 남아메리카의 정글 속에 병원을 세워 힘없고 병든 자들을 위해 노력하고 있다.

일단 자신을 찾기만 하면 다른 문제들은 대부분 해결 될 수 있다. 아직 자신을 찾지 못했는가? 당신에게 맞는 직업, 인생의 가치 있는 목표를 찾지 못했는가?

그렇다면 희망을 가져라. 프랭클린은 이 프로그램을 3개월간 노력하고 난 후에도 만족하지 않았다. "내가 3개월 안에 이렇게 큰 진전을 볼 수 있었다면 한 번 더 훈련했을 때 더 많은 발전을 이루지 않겠는가?"라고 생각했다. 그래서 그는 그 프로그램을 5번이나 더 실천했다.

당신은 이미 훌륭하게 출발했다. 앞으로 해야 할 일은 프랭클린처럼 당신도 여기에 만족하지 않고 계속 실천하는 것이나. 이 프로그램을 또 다시 실행해 보라. 지금껏 실패한 사람은 없었다. 그들은 단지 노력을 중단했을 뿐이었다.

하지만 나는 당신이 중단하지 않을 것이라고 믿는다. 소망이 곧 목표로 향하게 하는 추진력이다. 당신은 그 소망을 품고 있다. 이제는 그 소망을 이루는 최선의 방법도 알게 되었다. 위인의 글을 읽으면서, 그들이 시련을 극복했던 과정을 깨달으면서 기억을 자주 환기시켜 주기만 하면 된다.

지금의 나이가 몇 살이든, 자신을 찾으려는 노력을 포기하지 말라. 자신에게 맞는 직업과 가치 있는 목표를 찾기 위한 노력도 그만두지 말라. 인생의 커다란 목표가 있는 것만큼 당신을 더 커다란 당신으로 성장시켜 주는 힘을 지닌 것은 없다.

매일 꼭 해야 할 일의 목록을 작성하는 것으로 당신은 평범한 능력을 특별한 성공으로 바꾸는 방법을 알고 있다. 자기 확신과 글을 쓰는 방식으로 무의식을 단련시키는 방법도 알고 있다. 어떤 습관이 당신에게 필요하다면, 그것을 획득하는 최단 시간의 방법 — 프랭클린의 방법 — 을 당신은 알고 있다.

당신은 이제 건설적인 가치관과 긍정적인 태도를 확보했다. 그것이 피상적인 교육이나 배움보다 인생의 문제를 해결하는 데 더 중요하다. 그것이 당신의 발전을 가능하게 한다.

아직 진정한 자신을 찾지 못했다고 해도, 실망하지 말라. 그것은 역사상의 위인들에게도 수년의 세월이 필요했던 일이었다. 프랭클린과 괴테조차 자신을 찾아서 성공하기까지 40년 이상의 세월이 걸렸다.

또한 우리들의 반 이상이 죽을 때까지 진정한 자신을 찾지 못한다는 점도 기억하라. 그 이유가 무엇일까?

1. 그들은 반만 노력한다. 어려운 문제를 해결하는 최상의 방법, 바로 글쓰기를 시도하지 않기 때문이다.
2. 자신의 재능을 끌어내기 위해서는 자신을 찾는 작업이 필수적이라는 사실을 모르기 때문이다.

하지만 당신은 그들과 같은 부류가 아니다. 당신은 자신을 찾는 일이 얼마나 중요한지 알고 있으며, 그 어려운 문제를 해결하는 유일하고 확실한 방법까지 알고 있다.

이제 당신은 찬란한 미래를 위한 조각 도구들을 모두 갖고 있다. 그것을 사용하는 일이 남아 있을 뿐이다. 자연의 변함없는 규칙 하나는 "사용하지 않으면 잊어버린다."는 것이다. 그러니 이 도구들을 사용하라. 승리의 그날까지 날카롭게 가다듬어라.

진심으로 원하는 것이 있다면 밖으로 나가서 쟁취하라,
그 일을 위해 밤낮으로 노력하라.
당신의 시간과 편안함과 잠을 포기하라.
정말로 원한다면, 당신을 거기에 미치게 만들어라,
그러나 절대 지치지 않도록 하라.
다른 천박한 싸구려들은 옆으로 치워 버려라.
그것이 없는 인생이 공허하고 무의미하다면,
그것에 대하여 꿈꾸고 계획하라.
그것을 위해 기쁘게 땀 흘리고 갈망하고 계획한다면,
모든 두려움이 사라지리라.

당신의 모든 능력과 힘과 총명함으로
신념과 희망과 자신감과 의지로
원하는 그것을 찾아 나선다면,
가난과 굶주림도
병약함과 고통도
당신이 원하는 그것을 가로막지 못하리라.
끈질기고 험악하게 그것을 붙잡아 움켜쥔다면,
당신이 지금 살아 있는 것처럼 확실하게, 그것을 얻어내리라.

키플링의 시 "만약에"에 담긴 한 구절로 나의 마지막 생각을 전한다.

만약에 그대가 집요할 수 있다면,
그 목표를 향하여,
지루함에도 굴하지 않고,
끝까지 노력할 수 있다면,
세상은 그대의 것이다,
그 안에 있는 모든 것도 그대의 것이다.
게다가 그대는 성공하리라, 나의 친구여.

: 에필로그

지난 30년간 나에게 응답해 주신 수천 명의 독자들에게 이 자리를 빌어 감사를 전한다.

나에게 글을 씀으로써 당신의 인생도 더 나아지고 풍요로워질 수 있었으리라 믿으며, 당신이 위대함의 손길을 확실하게 느낄 때까지 이 작은 책을 읽고 또 읽어 주기를 진심으로 바란다.

하지만 이것은 커다란 모험이다. 그리고 커다란 모험에는 커다란 노력이 수반되어야 한다. 코끼리를 사냥하려면 작은 공기총이 아닌 커다란 총을 준비해야 하듯이, 성공을 위한 우리의 모험에도 최대한 큰 총이 있어야 한다.

여기서 내가 제시할 수 있는 가장 큰 총은 반복이다. 위대한 교육자들도 반복이 가장 훌륭한 스승이라고 강조했고, "처음에 최고의 모습을 보이는 책은 읽을 가치가 없다."고도 말했다. 부디 여러 번 읽어 보라.

그리고 이 작은 책에 들어 있는 아름다운 지혜들도 유익하게 활용해 주기를 바란다. 1,000권 이상의 책과 20만 개의 금언들과 산더미 같은 자료에서 추출한 지혜의 정수들이다. 성서를 백 번 읽더라도 다시 읽을 때마다 새로운 감동을 받게 되는 것처럼, 이 책의 지혜들도 당신에게 그러할 것이다.

아무리 영리하고 똑똑한 사람이라고 해도 단 한 번 읽는 것으로는 많은 것을 놓치지 쉽다. 유일한 해결책은 다시 한 번 읽어보는 것이다. 적어도 이 12개의 프로그램들을 6번 정도 읽어야 한다.

그러한 노력을 거부할 경우에는 생활의 지혜를 스스로 뿌리치는 어리석음이 될 뿐이다. 최소한 두세 번만이라도 꾸준히 읽는 힘을 발휘해 주기를 진심으로 바란다.

그리고 이 책의 프로그램 5와 프로그램 7에서 언급되어 있는 두 가지 성공의 습관들을 놓치지 말라. 그 두 가지가 다른 모든 요소를 합한 것보다 더 확실하게 우리를 성공의 길로 안내해 줄 것이다.

이 책 구석구석에도 그 두 가지 습관이 숨어 있으니, 유심히 관찰하고 연구해 보라. 그렇게 하면 당신은 황금 광산을 찾아낼 수 있을 것이다.

금을 캐내라. 그 목표를 위한 최상의 방법은 반복이다. 반복하고, 또 반복하고, 또 반복하고, 반복하라. 위대함의 손길이 느껴질 때까지.

당신의 여행 동료, 프랭크 티볼트

: 옮긴이의 말

참 신기한 일이었다.

이 책을 작업하는 동안, 나는 이 책이 시키는 대로 해보고 싶은 강한 충동에 사로잡혔다. 당시에 내가 이루고자 하는 목표는 두 가지로 요약할 수 있었다. 하나는 석 달의 기간을 요하는 단기적인 목표이고, 또 하나는 5년 혹은 10년쯤 걸릴지도 모르고 어쩌면 불가능할지도 모르는 장기적인 목표였다.

나는 일단 단기적인 목표를 글로 적어 보기로 했다. 반신반의하는 마음이었지만, 별로 어려운 일도 아니고 일단 해보는 것이 중요하다 싶었다. 그런데 정말 종이에 적어 놓았던 문장이 나의 뇌리에 깊이 박혀서 나를 못살게(?)구는 것이 아닌가. 그것이 이 책에서 말하는 무의식의 압박일까?

내가 이 책의 지시사항을 꼼꼼하게 지킨 것은 아니었다. 일단 써두고, 곧잘 매일 볼 수 있는 여러 곳이 아니었음을 고백한다 보이는 곳에 던져두었다. 하지만 그 종이를 볼 때마다 뭔가 행동해야겠다는 강한 책임감이 찾아 들었다. 그래서 한 가지, 그 후에는 두 가지 행동을 결정했고 시작했다.

아직 목표를 이루었다고 인정할 만큼은 아니다. 하지만 계속 노력하고 있다는 자체만으로도 나는 나의 등을 두드려 주고 싶다. '장하다'고 칭찬해 주고 싶다.

이 책의 저자가 강조했듯이 반복이 중요하다는 점도 잊지 말아야 한다. 그것은 이 책을 읽은 효과가 사라졌을 때 다시 읽어 보아야 한다는 뜻이다. 하지만 그 과정을 통하여 나의 목표가 이루어질 것이다. 장기적인 목표는 두고 봐야겠지만, 내가 이루고자 하는 단기적인 목표는 조만간 이룰 수 있으리라 확신한다. 설령 기간이 조금 연장된다 하더라도, 실패할 가능성은 없다고 확신한다.

이 책을 집어든 당신에게도 새로운 변화와 가능성의 길이 열리기를 바란다.